Stoppt Codex Alimentarius

www.rath.nl

Stoppt Codex Alimentarius

www.rath.nl

Stoppt Codex Alimentarius

www.rath.nl

Stoppt Codex Alimentarius

www.rath.nl

Aktion gegen Codex Alimentarius

Codex Alimentarius ist der Versuch der Pharma-Industrie, im Schatten der Vereinten Nationen das Geschäft mit der Krankheit über die Gesundheit von Millionen Menschen zu stellen. Die Verbreitung hochdosierter, wirksamer Vitamine und die Information über ihre Heilwirkung sollen weltweit blockiert werden. Unter Führung der deutschen Pharmalobby sollen diese Pläne beim Treffen der Codex Alimentarius Kommission **vom 19.-23. Juni 2000** in Berlin (Diedersdorfer Weg 1) verabschiedet werden.

Das müssen wir verhindern!
Widerstand lohnt sich!

Nähere Informationen kostenlos bei:
Matthias Rath B.V.
Postbus 405
NL-7600 AK Almelo
Fax: +31(0)546-533 111
Faxabruf: +31(0)546-570 675
Internet: www.rath.nl

Aktion gegen Codex Alimentarius

Codex Alimentarius ist der Versuch der Pharma-Industrie, im Schatten der Vereinten Nationen das Geschäft mit der Krankheit über die Gesundheit von Millionen Menschen zu stellen. Die Verbreitung hochdosierter, wirksamer Vitamine und die Information über ihre Heilwirkung sollen weltweit blockiert werden. Unter Führung der deutschen Pharmalobby sollen diese Pläne beim Treffen der Codex Alimentarius Kommission **vom 19.-23. Juni 2000** in Berlin (Diedersdorfer Weg 1) verabschiedet werden.

Das müssen wir verhindern!
Widerstand lohnt sich!

Nähere Informationen kostenlos bei:
Matthias Rath B.V.
Postbus 405
NL-7600 AK Almelo
Fax: +31(0)546-533 111
Faxabruf: +31(0)546-570 675
Internet: www.rath.nl

Aktion gegen Codex Alimentarius

Codex Alimentarius ist der Versuch der Pharma-Industrie, im Schatten der Vereinten Nationen das Geschäft mit der Krankheit über die Gesundheit von Millionen Menschen zu stellen. Die Verbreitung hochdosierter, wirksamer Vitamine und die Information über ihre Heilwirkung sollen weltweit blockiert werden. Unter Führung der deutschen Pharmalobby sollen diese Pläne beim Treffen der Codex Alimentarius Kommission **vom 19.-23. Juni 2000** in Berlin (Diedersdorfer Weg 1) verabschiedet werden.

Das müssen wir verhindern!
Widerstand lohnt sich!

Nähere Informationen kostenlos bei:
Matthias Rath B.V.
Postbus 405
NL-7600 AK Almelo
Fax: +31(0)546-533 111
Faxabruf: +31(0)546-570 675
Internet: www.rath.nl

Aktion gegen Codex Alimentarius

Codex Alimentarius ist der Versuch der Pharma-Industrie, im Schatten der Vereinten Nationen das Geschäft mit der Krankheit über die Gesundheit von Millionen Menschen zu stellen. Die Verbreitung hochdosierter, wirksamer Vitamine und die Information über ihre Heilwirkung sollen weltweit blockiert werden. Unter Führung der deutschen Pharmalobby sollen diese Pläne beim Treffen der Codex Alimentarius Kommission **vom 19.-23. Juni 2000** in Berlin (Diedersdorfer Weg 1) verabschiedet werden.

Das müssen wir verhindern!
Widerstand lohnt sich!

Nähere Informationen kostenlos bei:
Matthias Rath B.V.
Postbus 405
NL-7600 AK Almelo
Fax: +31(0)546-533 111
Faxabruf: +31(0)546-570 675
Internet: www.rath.nl

Dr. Rath Weltgesundheitsnetz

MR Publishing
Postbus 859
NL-7600 AW Almelo
Tel.: 0031-546 533 320
Fax: 0031-546 533 343

Der freie Zugang zu Vitaminen und natürlichen Gesundheitsinformationen darf nicht blockiert werden!

„Nein“ zu den Zensur-Plänen des Pharmakartells bei der „Codex Alimentarius“-Tagung in Berlin, 19.-23. Juni 2000

Die „Codex Alimentarius“-Kommision tritt vom 19.-23. Juni 2000 wieder in Berlin zusammen. Ziel des Treffens ist, wie schon im September 1998, ein weltweites Verbot von Gesundheitsinformationen zu Naturheilmethoden durchzusetzen, um einen milliardenschweren Pharma-Markt künstlich am Leben zu erhalten. Zur Tarnung verstecken sich das Pharma-Kartell und seine politischen Handlanger im sogenannten „Bundesamt für gesundheitlichen Verbraucherschutz“ (BgVV), das auch dieses Jahr wieder hinter Stacheldraht hermetisch abgeriegelt wird.

Inhalt

TEIL 1: BEDROHUNG DURCH CODEX ALIMENTARIUS

TEIL 2: WELTWEITER WIDERSTAND GEGEN „CODEX"-PLÄNE

TEIL 3: WAS SIE KONKRET TUN KÖNNEN, UM CODEX ALIMENTARIUS ZU VERHINDERN

TEIL 4: EIN NEUES GESUNDHEITSWESEN ENTSTEHT

Vorwort

Zum zweiten Mal in ihrer Geschichte ist die Menschheit gezwungen, sich von einem Joch zu befreien, das buchstäblich jedes menschliche Leben auf der Erde heute und das aller zukünftigen Generationen beeinträchtigt. Aufgrund eines dramatischen Durchbruchs in der Vitaminforschung ist es gelungen, die meisten Volkskrankheiten von heute einschließlich Herzinfarkt, Schlaganfall, Bluthochdruck, Herzschwäche, Diabetes und Durchblutungsstörungen, Krebs und viele andere als direkte Folge von Vitaminmangel und damit verhinderbaren Gesundheitsproblemen zu identifizieren.

Die gesamte Menschheit erhält damit die einzigartige Chance, daß die Volkskrankheiten des 20. Jahrhunderts im Laufe des 21. Jahrhunderts auf einen Bruchteil des heutigen Standes zurückgehen und am Ende dieses Jahrhunderts wahrscheinlich ganz verschwunden sein werden.

Da die wissenschaflichen Voraussetzungen geschaffen sind und Vitamine und andere Naturheilsubstanzen zur Bekämpfung dieser Volkskrankheiten für jeden zugänglich sind, ist die Ausmerzung dieser Volkskrankheiten nur noch von einem einzigen Faktor abhängig: Wie schnell kann das Wissen über diesen medizinischen Durchbruch und den Sieg über diese Volkskrankheiten weltweit verbreitet werden.

Die weltweite Bedeutung dieses medizinischen Durchbruchs bedroht einen Multi-Milliardenmarkt an Pharmapräparaten, deren Heilwirkung ohnehin zweifelhaft ist und die jetzt buchstäblich überflüssig werden. Der Zusammenbruch dieses Marktes an nutzlosen Pharmapillen steht unmittelbar bevor. Um dies zu verhindern, hat sich die Pharmaindustrie weltweit zu einem Kartell zusammengeschlossen, um die einzig noch verbleibende Notbremse zu ziehen: Ein weltweites Verbot zu Gesundheitsaussagen über Vitamine und andere Naturheilverfahren, die den Volkskrankheiten von heute ein Ende bereiten können.

Um seine globalen Pläne zur Zensur dieser lebenswichtigen Gesundheitsinformation umsetzen zu können, hat das Pharma-Kartell Unterschlupf gefunden bei den Vereinten Nationen. Im Rahmen einer sogenannten Expertenkommission der Weltgesundheitsorganisation (WHO) und Welternährungsorganisation (FAO) mit dem Tarnnamen „Codex Alimentarius“ werden derzeit Gesetze vorbereitet, die in allen Mitgliedsländern der Vereinten Nationen, also weltweit, Gültigkeit haben sollen. Ziel ist es, Aussagen zur vorbeugenden und heilenden Wirkung von Vitaminen und Naturheilverfahren per Gesetz verbieten zu lassen. Man muß weder Arzt noch Zukunftsforscher sein, um die verhängnisvollen Auswirkungen dieser unethischen Pläne vorherzusagen: Kommt das Pharma-Kartell mit seinen Codex Alimentarius-Plänen durch, so werden weltweit weiterhin Millionen Menschen an Krankheiten sterben, die gar keine sind. Der Informationsboykott des Pharma-Kartells zu Vitaminen und Naturheilverfahren wird allein in der kommenden Generation über eine halbe Milliarde Menschenleben kosten, mehr als in allen Kriegen der Menschheitsgeschichte zusammengenommen.

Dies zu verhindern ist eine der wichtigsten Aufgaben in diesem Jahr, und zwar für alle Menschen dieser Erde, egal, in welchem Land sie leben. Machen Sie sich klar, daß Sie diese Auseinandersetzung nicht nur im Interesse Ihrer eigenen Gesundheit führen, sondern auch im Interesse aller zukünftigen Generationen. Denn sind die Pharma-Kartell-Gesetze erst einmal erlassen, wird es Jahre dauern, sie wieder aufzuheben und den Schaden dieser verantwortungslosen Gesetze zu reparieren. Was Sie jetzt und heute tun können, um dies zu verhindern, sagt Ihnen diese Broschüre.

In den nächsten zwei Jahren steht die Menschheit buchstäblich am Scheideweg. Es liegt an uns, zu entscheiden, ob das 21. Jahrhundert zum Jahrhundert der Befreiung von Volkskrankeiten wird oder ob das unethische Geschäft mit der Krankheit durch die Pharma-Industrie weitergeht. Ein Geschäft, das bereits hunderte Millionen Menschen das Leben gekostet hat.

Schon einmal in der Menschheitsgeschichte, vor 500 Jahren, mußten sich Millionen Menschen von dem allumfassenden Joch des Analphabetentums befreien. Die Übersetzung der Bibel in die Umgangssprache kombiniert mit der gerade erfundenen Buchdruckkunst ermöglichte Millionen einfacher Menschen in Deutschland und anderen Ländern, Lesen und Schreiben zu lernen. Im Laufe des 16. Jahrhunderts ging die Analphabetenrate in Europa von 80% auf 20% zurück. Auch damals mußten die Menschen ihre Interessen, das Recht auf Lesen, Schreiben und Bildung, selbst in die Hand nehmen.

Auch damals versuchte die Obrigkeit, alles zu tun, um diese Entwicklung zu blockieren. Die ersten umgangssprachlichen Bücher wurden verboten und die Druckereien zerstört. Doch all dies half nichts. Wenn die Zeit für eine Entwicklung gekommen ist, kann die stärkste Armee der Welt diese nicht aufhalten. Und jetzt ist die Zeit für die Befreiung der Menschen von Herzinfarkt, Schlaganfall, Bluthochdruck, Herzschwäche, Diabetes, Krebs, Osteoporose und vielen anderen Krankheiten gekommen, und niemand wird diese Entwicklung aufhalten.

Die Codex-Pläne des Pharma-Kartells sind *kein* Zeichen von Stärke dieses Industriezweiges, sondern das

Gegenteil. Die wissenschaftliche Erkenntnis, daß die Arterienverkalkung, die Ursache von Herzinfarkt und Schlaganfall, eine Frühform der Seefahrerkrankheit Skorbut ist und durch optimale Vitaminversorgung verhindert werden kann, brachte ein überholtes Weltbild ins Wanken. Die inzwischen dokumentierten Beweise, die weltweiten Erfolge der Zellular Medizin, die Erkenntnisse, daß eine optimale Versorgung der Körperzellen durch Vitamine den verschiedensten Krankheiten vorbeugt, lassen allein durch ihre Logik das Kartenhaus der überholten Pharmamedizin zusammenbrechen.

Die Auseinandersetzung mit „Codex Alimentarius“ ist gleichzeitig auch der Einsatz für eine neue Medizin. Der Schwerpunkt einer neuen Gesundheitsversorgung liegt auf der Vorbeugung von Krankheiten und deren natürlichen Behandlung. Das „Geschäft mit der Krankheit“ durch die Pharmaindustrie ist nicht länger hinnehmbar.

In dieser Broschüre haben wir die Hintergründe der unethischen „Codex Alimentarius“-Pläne des Pharma-Kartells zusammengefaßt. Sie finden zahlreiche Möglichkeiten, Ihren Protest auszudrücken und die Verantwortlichen aufzufordern, diese verantwortungslosen Pläne sofort aufzugeben.

Geben Sie diese Broschüre an Freunde und Bekannte weiter. Sprechen Sie mit ihnen über den Wendepunkt in der Medizin und in der Menschheitsgeschichte und die großartige Chance, jetzt dafür zu sorgen, daß die Volkskrankheiten von heute in zukünftigen Generationen unbekannt sein werden.

Ich fordere Sie auf, schreiben Sie an die Mitglieder der „Codex Alimentarius“-Kommission ebenso wie an Ihre Bundestagsabgeordneten und die Bundesregierung. Alle Politiker haben einen Eid auf die Verfassung abgelegt, alles zu tun, um Schaden von der Bevölkerung abzuwenden. Die offene oder heimliche Unterstützung der „Codex Alimentarius“-Pläne, ja sogar deren klammheimliche Tolerierung erfüllen den Tatbestand der Verletzung des Amtseides und des Verfassungsbruchs. Machen Sie dies in Ihren Briefen und Gesprächen mit Politikern deutlich.

Mein wissenschaftliches Lebenswerk, unser gemeinsames Gesundheitsnetzwerk und die Unterstützung von zigtausenden Menschen weltweit haben die Entwicklung bis hierher gebracht.

Jetzt kommt es auch auf Sie an!

Warten Sie nicht!

Tun Sie etwas!

Tun Sie es jetzt!

Ihr

Matthias Rath

Dr. med. Matthias Rath

TEIL 1

Bedrohung durch die Codex Alimentarius

1. Was sind die Ziele der Codex Alimentarius Kommission?

Die Codex Alimentarius Kommission ist eine sogenannte Experten-Kommission, mit der sich die Pharma-Industrie bei der Weltgesundheitsorganisation (WHO) und der Welternährungsorganisation (FAO) eingenistet hat. Dies geschah von vorne herein mit der Absicht, Regelungen und Gesetze zum Schutz des globalen Pharma-Marktes durchzupeitschen, die in allen Ländern der Erde Gültigkeit haben.

Von den 30 Komitees, die unter dem Obertitel Codex Alimentarius firmieren, sind insbesondere diejenigen für die Pharmaindustrie interessant, denen es um Nahrungsergänzungsmittel und Vitamine geht. Das zentrale Komitee dabei ist das „Codex Komitee für Ernährung und diätetische Lebensmittel". Unter dem Einfluß der Pharma-Industrie geht es in diesem Komitee seit Mitte der 90-er Jahre nur noch um ein zentrales Thema: Wie kann verhindert werden, daß die wachsende Bedeutung von Vitaminen und anderen Nahrungsergänzungsmitteln Milliardenmärkte an Betablockern, Kalzium-Antagonisten, Cholesterinsenkern und anderen weitgehend überflüssig gewordenen Pharma-Präparaten zusammenbrechen läßt.

Es verwundert daher nicht, daß die Federführung dieses Komitees im Auftrag des Pharma-Kartells durch die deutsche Bundesregierung ausgeübt wird. Deutschland ist mit Abstand das größte Exportland dieser fragwürdigen Pharma-Produkte, und nirgendwo in der Welt gibt es eine so enge Verflechtung zwischen Pharma-Industrie und Politik wie in Deutschland.

Die Ziele der Codex Alimentarius Kommission sollen den Pharma-Weltmarkt künstlich stabilisieren und sind klar definiert: Gesundheitsaussagen über die Heilwirkung von Vitaminen und anderen Naturheilstoffen bei der Vorbeugung und Behandlung von Krankheiten sollen weltweit verboten und unter Strafe gestellt werden. Die Bestimmungen, was ein Nahrungsmittel ist und was ein Medikament ist, sollen in Zukunft nicht mehr von den Regierungen festgelegt werden, sondern von der Industrie selbst.

Mit Hilfe dieses „Ermächtigungsgesetzes" soll die Pharma-Industrie die Grenzen ihrer eigenen Märkte nach Belieben ausdehnen können. Derzeit hat die Pharma-Industrie es fertig gebracht, daß in Deutschland 500 mg Vitamin C in Pillenform als Medikament definiert und damit verschreibungspflichtig ist. Daß die Ziege das 30-fache dieser Menge Vitamin C jeden Tag selbst in ihrem Körper produziert, interessiert die Pharma-Industrie nicht. Ginge es nach ihrem Willen, wären schon heute 100 oder gar 50 mg Vitamin C als Medikamente eingestuft.

Da die Pharma-Industrie weiß, daß die Menschen diesen Unfug weder verstehen noch nachvollziehen können, muß er ihnen mit Tarn-Begründungen schmackhaft gemacht werden.

Daß noch nicht einmal die Pharma-Industrie daran glaubt, daß ihnen diese Tarnbegründung abgenommen wird, ist schon daran zu erkennen, daß die Codex-Pläne auch eine Bestrafung all

Die strategischen Ziele von „Codex Alimentarius“

1. **Die Verbreitung von Gesundheitsinformationen über Vitamine, Aminosäuren, Mineralien und andere Naturstoffe zur Vorbeugung und Behandlung von Krankheiten soll weltweit verboten werden.**

2. **Der Vertrieb von Vitaminen und anderen Naturstoffen, die die willkürlichen und viel zu niedrigen Richtwerte dieser „Codex“-Kommission überschreiten, soll weltweit untersagt werden.**

3. **Staaten, die diese Gesetzesvorlage nicht umsetzen und anwenden, sollen mit internationalen Wirtschaftssanktionen bestraft werden.**

Zur Tarnung der eigentlichen Absicht, dem Schutz des Weltmarktes an überflüssigen Pharmapräparaten, worden von Seiten der Codex-Verantwortlichen Schutzbehauptungen in die Welt gesetzt: So findet auch das Codex Alimentarius Treffen im Juni dieses Jahres im „Bundesamt für gesundheitlichen Verbraucherschutz“ in Berlin statt. Neben dem sogenannten „Verbraucherschutz“ vor den angeblich „schädlichen Nebenwirkungen“ von Vitaminen wird auch eine angebliche Notwendigkeit zur international einheitlichen Handhabung des Pharma-Handels angeführt.

derjenigen vorsehen, die sich diesen unsinnigen Plänen widersetzen. Staaten, die die Zensurpläne des Pharma-Kartells für lebenswichtige Gesundheitsinformationen nicht umsetzen, sollen im Rahmen der Vereinten Nationen mit Wirtschaftssanktionen bestraft werden.

Unsere Antwort darauf: Sprechen Sie mit möglichst vielen Menschen über diese verantwortungslosen Pläne und lassen Sie die Mitglieder der Codex Kommission und Ihre Abgeordneten Ihre Meinung wissen

2. Wie funktioniert die Codex Alimentarius Kommission?

Die **Codex Kommission für Ernährung und diätetische Lebensmittel** trifft sich in regelmäßigen Abständen, meist alle zwei Jahre. Da die Bundesregierung die Federführung hat, finden die Treffen in der Regel in Deutschland statt. 1996 fand das Treffen in Bonn statt, 1998 im September in Berlin. Auch das nächste Treffen findet vom 19. bis 23. Juni 2000 im BgVV in Berlin-Marienfelde, Diedersdorfer Weg 1 statt.

Das „Codex"-Verfahren findet in 8 Stufen statt – von der Beratungsphase über die Empfehlungsphase bis zur Beschlußphase. Auf Grund des massiven Protestes ist es bisher gelungen, das „Codex" Verfahren zum Informationsboykott über Naturheilverfahren im Oktober 1998 auf Stufe 4 festzuhalten.

Derzeit laufen die Vorbereitungen des Pharma-Kartells in verschiedenen Ländern auf Hochtouren, um möglichst bei dem Treffen im Juni alle 4 weiteren Stufen auf einmal zu nehmen. Dies würde bedeuten, daß die Codex Konferenz im Juni 2000 der Vollversammlung der Vereinten Nationen im Herbst diesen Jahres empfiehlt, die Vitamin-Zensurgesetze weltweit für alle UN-Mitgliedsländer verbindlich zu machen.

Betrachtet man die Zusammensetzung dieser Codex Kommission, so wird schnell klar, wie solche unverantwortlichen Pläne überhaupt in einem Gremium der Vereinten Nationen diskutiert werden können.

Über die Hälfte aller „Codex"-Mitglieder stehen direkt oder indirekt auf den Gehaltslisten der Pharma-Industrie. Rechnet man noch diejenigen Politiker hinzu, die über Honorare oder Schmiergelder von der Pharma-Industrie abhängig sind, so wird das Mißverhältnis noch deutlicher: Mehr als drei Viertel aller Codex Alimentarius Mitglieder vertreten die Interessen der Pharma-Industrie.

Um ihr Täuschungsspiel auf die Spitze zu treiben, schleusen die Pharma-Konzerne auch sogenannte „Verbraucherschutz" -Organisationen in die „Codex"-Kommission ein, die sie zur Tarnung ihrer Pharma-Interessen zuvor selbst ins Leben gerufen haben. Das am besten bekannte Beispiel hierfür ist die Deutsche Gesellschaft für Ernährung (DGE).

Die Regierungen kleiner europäischer Länder sowie von Entwicklungsländern werden durch internationale Pharma-Konzerne regelrecht erpreßt. Nur Monate, nachdem der Schweizer Konzern Novartis (Ex-Sandoz und Ciba Geigy) mit seinem Hauptquartier nach Norwegen umgezogen war, unterstützte die norwegische Regierung plötzlich die „Codex"-Pläne. Die Ansiedlung von Tochterunternehmen multinationaler Pharmakonzerne in Drittwelt-Ländern wird grundsätzlich vom Wohlwollen der dortigen Regierungen bei wichtigen Abstimmungen im Rahmen der UNO – z.B. bei „Codex"– abhängig gemacht.

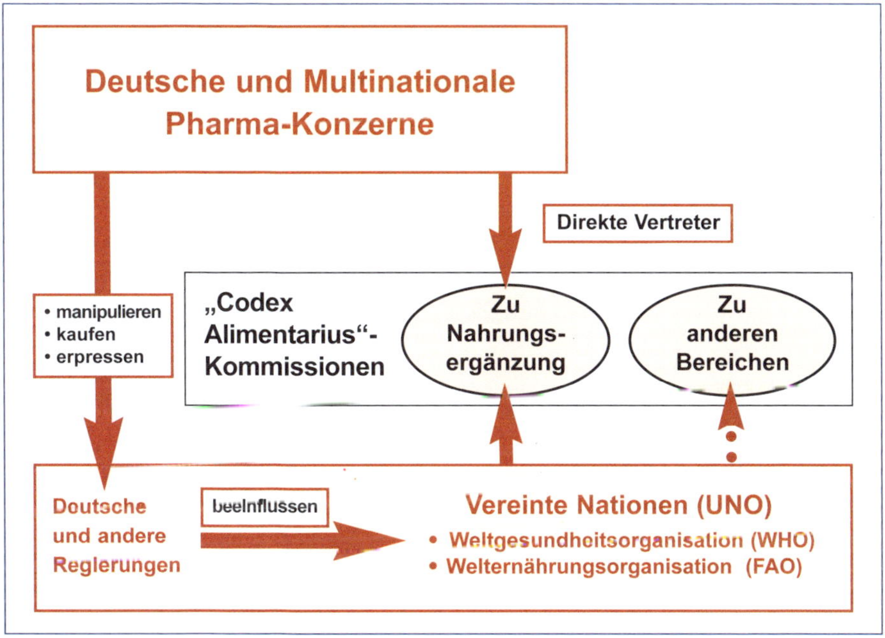
Deutsche und Multinationale Pharma-Konzerne
Direkte Vertreter
• manipulieren
• kaufen
• erpressen
„Codex Alimentarius“-Kommissionen
Zu Nahrungs-ergänzung
Zu anderen Bereichen
Deutsche und andere Regierungen
beeinflussen
Vereinte Nationen (UNO)
• Weltgesundheitsorganisation (WHO)
• Welternährungsorganisation (FAO)

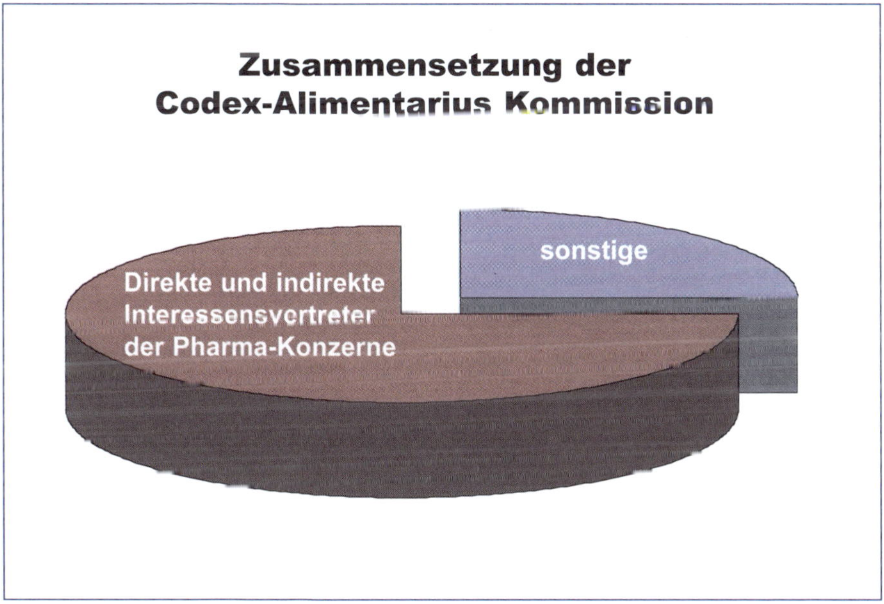
Zusammensetzung der Codex-Alimentarius Kommission
sonstige
Direkte und indirekte Interessensvertreter der Pharma-Konzerne

3. Wer steckt hinter der Codex Alimentarius Kommission?

Urheber und Haupttriebfeder hinter der Codex Alimentarius Kommission sind die multinationalen Pharma-Konzerne. Vielerorts wird die Pharma-Industrie immer noch als ein Heilsbringer gesehen, nicht zuletzt dank ihrer millionenschweren Anzeigenkampagnen, die dieses Trugbild verbreiten. Weltweit setzt sich derzeit allerdings folgendes realistische Bild dieses Industriezweigs durch:

Die Pharma-Industrie ist kein natürlich gewachsener Industriezweig. Er wurde von Anfang an als Anlage- und Investitionsindustrie aufgebaut. Jenseits des Atlantiks war dies vor allem die Rockefeller-Gruppe, die neue Investitionsfelder für ihre Milliarden aus dem Ölgeschäft (Esso-Konzern) suchten. Diesseits des Atlantiks waren es vor allem BASF, Bayer und Hoechst, die als IG-Farben ein halbes Jahrhundert lang die Welt in Angst und Schrecken versetzten.

Mit der Entdeckung der Vitamine und der Entzifferung ihrer chemischen Struktur Anfang des letzten Jahrhunderts hätte die Naturmedizin freie Bahn gehabt, die meisten Volkskrankheiten von heute erst gar nicht entstehen zu lassen. Strategisches Ziel der Architekten der Pharma-Industrie und ihrer Finanziers war von Anfang an, die Naturheilkunde mit allen Mitteln aus dem Feld zu schlagen.

Die Codex-Alimentarius-Kommission ist nur die letzte und brutalste Form, mit der die Finanziers des „Milliardengeschäfts mit der Krankheit" entschlossen sind, ihre Pfründe zu verteidigen. Hinter den unethischen Plänen der „Codex Alimentarius" Kommission stecken also keine mysteriösen Dunkelmänner oder Kräfte, sondern skrupellose Kapitalinteressen in Gestalt von Aktionären und Investoren der Pharma-Konzerne.

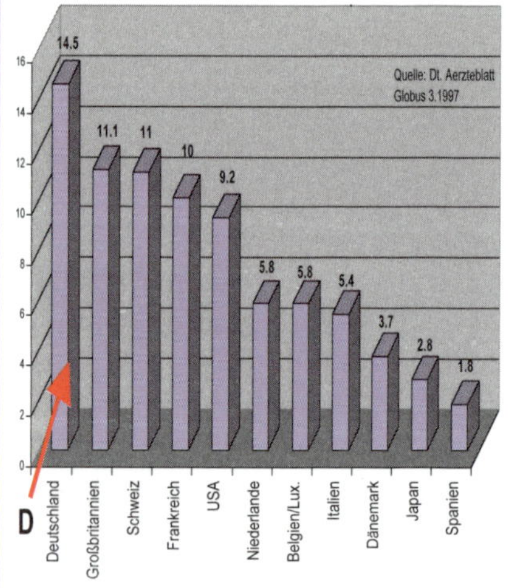

Exporte von Pharma-Fertigprodukten für 1997 in Milliarden DM

Der Einfluß und Druck, den einzelne Pharma-Konzerne und Regierungen im Rahmen von Codex Alimentarius ausüben, sind direkt von deren Weltmarktanteil bzw. deren Exportziffern abhängig.

Das „Geschäft mit der Krankheit“ wurde strategisch entwickelt

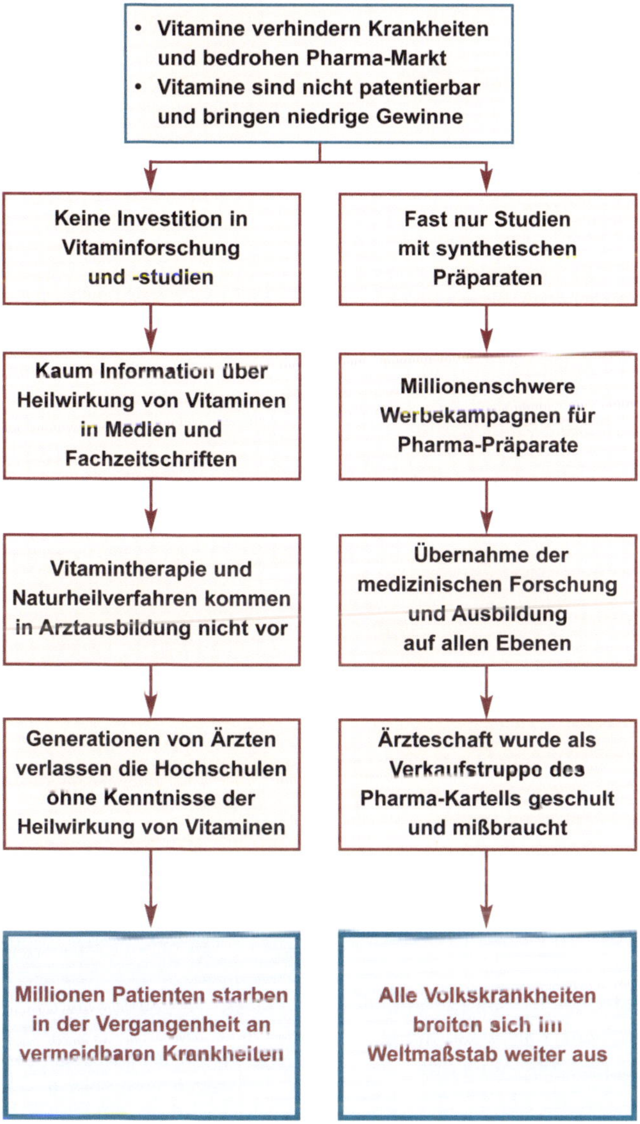

4. Investmentbranche Pharmaindustrie: Kampf um den Fortbestand des „Geschäfts mit der Krankheit“

Werbung für Pharma-Volksaktie per Postwurfsendung

Banken als Pharma-Großaktionäre versuchen, Kleinaktionäre zu ködern, um das Kartenhaus zu stabilisieren.

Wie die untenstehende Graphik zeigt, ist die Pharma-Industrie bis heute eine der lukrativsten Anlageindustrien mit Aktiengewinnen von über 500% in nur 10 Jahren. Es ist die Profitsucht der Mehrheitseigner der Pharma-Konzerne, die die unethischen „Codex“- Pläne erst möglich macht.

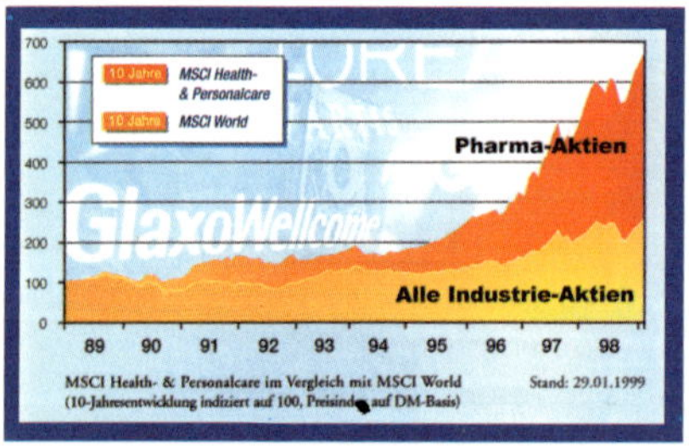

„500% Profit in nur 10 Jahren“

Damit lockt die Pharmaindustrie jetzt Kleinanleger als Investoren für das lukrative „Geschäft mit der Krankheit“.

Es war Dr. Rath, der das wahre Gesicht der Pharma-Industrie als einen Industriezweig entlarvte, der ohne das „Geschäft mit der Krankheit“ gar nicht existieren kann. Er war es, der aufzeigte, daß die Pharmaindustrie zur Steigerung ihrer Aktienkurse die Vorbeugung, Heilung und Ausmerzung von Krankheiten als geschäftsschädigend bekämpft.

Die Pharma-Industrie und ihre Investoren versuchen jetzt mit allen Mitteln die verlorene Glaubwürdigkeit wiederzugewinnen, z.B. mittels Postwurfsendung eines „Pharma-Fonds“ der Sparkasse/Landesbank.

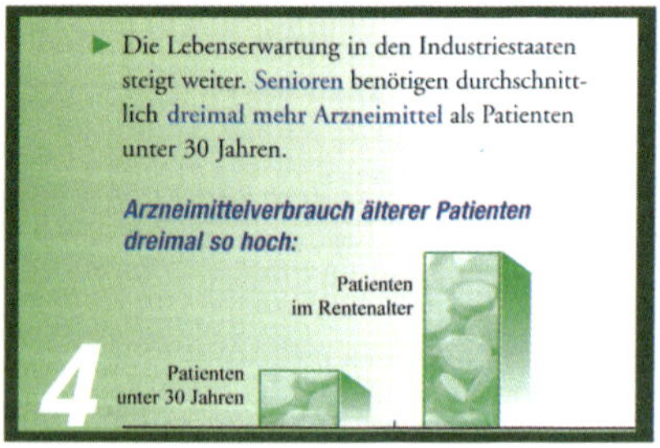

Hoher Arzneimittelverbrauch von Senioren als Kaufanreiz für Pharma-Aktien

Jeder Patient, der auf diesen Trick hereinfällt, finanziert mit seinem Geld den Fortbestand der eigenen Krankheit mit.

Grundlage der Pharma-Industrie: Das „Geschäft mit der Krankheit“

- Existenzgrundlage der Pharma-Industrie ist das „Geschäft mit der Krankheit“. Wie jeder andere Industriezweig versucht auch die Pharma-Industrie, ihren Markt – die Krankheiten – auszuweiten.
- Die Vorbeugung, Heilung und Ausmerzung von Krankheiten sind geschäftsschädigend für die Pharma-Industrie und werden daher von ihr bekämpft.
- Als direkte Folge davon weiten sich Volkskrankheiten wie Herz-Kreislauf-Erkrankung, Bluthochdruck, Herzschwäche, Krebs, Osteoporose und andere weiter aus.
- Nach Angaben deutscher Krankenversicherungen sind 24.000 Pharma-Präparate ohne nachgewiesene Heilwirkung auf dem Markt (AOK-Magazin 4/98).
- Die gefährlichen Nebenwirkungen von Pharmapräparaten sind zur vierthäufigsten Todesursache geworden (Amerikanisches Ärzteblatt Journal of the American Medical Association vom 15.4.98).

5. Tarnbegriffe zur Verschleierung des Geschäfts mit der Krankheit – Teil I: „Verbraucherschutz" „Harmonisierung" „Codex Alimentarius"

Wann immer sich die finanziellen Interessen einer gierigen Gruppe gegen die Gesundheits- und Lebensinteressen der breiten Bevölkerung durchsetzen wollen, müssen jene Profit-Interessen versteckt, verleugnet oder in ihr Gegenteil verkehrt präsentiert werden.

Klar ist, daß Hunderte Millionen Menschen weltweit, die derzeit freien Zugriff auf Vitamine haben, den „Codex"-Angriff auf die Vitaminfreiheit nicht verstehen. Das Pharma-Kartell muß daher versuchen, seine unethischen Pläne gegenüber der Bevölkerung unter verschiedenen Tarnnamen „schmackhaft" und damit durchsetzbar zu machen.

TARNNAME „VERBRAUCHERSCHUTZ"

Der meistbenutzte Trick des Pharma-Kartells, um Vitamine zu diskreditieren, ist, ihnen irgendwelche gesundheitsschädlichen Nebenwirkungen anzudichten. Die absurde Argumentation der Kartell-Politiker lautet: „Weil Vitamine und Naturheilverfahren so gefährlich sind, müssen wir die Verbraucher davor schützen".

Darum finden die Treffen der Codex Alimentarius Kommission im deutschen „Bundesamt für gesundheitlichen Verbraucherschutz" in Berlin statt.

Das „Bundesamt für gesundheitlichen Verbraucherschutz" (BgVV) in Berlin. Der NATO-Stacheldraht wird natürlich nicht gebraucht, um die Interessen von uns Verbrauchern zu schützen, sondern genau das Gegenteil – finanzielle Interessen des Pharma-Kartells gegenüber den Gesundheitsinteressen der Bevölkerung

Auch die von der Pharma-Industrie zur Tarnung gegründeten „Verbraucherschutz-Verbände" haben nur ein Hauptziel: Im Auftrag des Pharma-Kartells die Bevölkerung über angebliche Nebenwirkungen von Vitaminen und Naturheilverfahren zu belügen.

Stoppt Codex Alimentarius

In den USA war das Pharma-Kartell bereits 1994 mit seiner Lügenkampagne über angebliche Nebenwirkungen von Vitaminen gescheitert. Nach den Veröffentlichungen von Dr. Rath hatten die Pharma-Konzerne 1992 und 1993 versucht, über das US-Bundesgesundheitsamt (FDA) eine groß angelegte Medien-Kampagne zu starten. Millionen Menschen in den USA sollten davon überzeugt werden, daß Vitamine verschreibungspflichtig sein müssen, um die Bevölkerung vor „Vitamin-Überdosierungen" zu schützen. Wie absurd dieses Argument war, wurde schnell klar, als die folgende US-Bundesstatistik bekannt wurde:

Von 1983 bis 1990 gab es in den USA keinen einzigen Todesfall durch Vitamine, Aminosäuren und anderen Naturprodukte. Im selben Zeitraum starben aber jedes Jahr über 100.000 Amerikaner an den Folgen von Medikamenten, die durch das Gesundheitsamt (FDA) selbst zugelassen worden waren. Inzwischen sind schwere Pharma-Nebenwirkungen in den Industrieländer zur Epidemie ausgeartet und zur vierthäufigsten Todesursache geworden.

Auch für die bevorstehende „Codex"-Konferenz soll die Lüge über angebliche Nebenwirkungen von Vitaminen herhalten, um unentschlossene „Codex"-Delegierte im Interesse des Pharma-Kartells gefügig zu machen. Doch die Bevölkerung braucht keinen Schutz vor Vitaminen und Natursubstanzen, sondern vor Pharmapräparaten, an deren schädlichen Nebenwirkungen jedes Jahr nachweislich hunderttausende Menschen sterben.

TARNNAME „INTERNATIONALISIERUNG"

Der zweite Tarnname, unter dem das „Codex"-Kartell die Vitaminfreiheit beschränken will, ist die angebliche Notwendigkeit einer international einheitlichen Reglementierung von Vitaminen. Wohl mit Blick auf Deutschland, wo Pillen mit gerade mal 500 Milligramm Vitamin C immer noch als Medikamente gelten und natürliche Aminosäuren auf dem „Index" stehen, wollte man die Selbstversorgung durch Vitamine ins Mittelalter zurückschrauben.

TARNNAME „CODEX ALIMENTARIUS"

Und auch der Begriff „Codex Alimentarius" selbst ist ein betrügerischer Begriff. Er bedeutet nichts anderes als „Nahrungs-Codex". Hinter diesem wohlklingenden Namen würde man eigentlich eine Organisation erwarten, die um eine optimale Ernährung der Weltbevölkerung bemüht ist. Man würde erwarten, daß dies selbstverständlich auch Empfehlungen für eine optimale Versorgung mit Vitaminen einschließt, deren Mangel nachweislich zu Krankheit führt. Doch weit gefehlt!

Genau das Gegenteil des Trugbegriffs „Codex Alimentarius" wird durch diese Kommission bezweckt: Die künstliche Absicherung eines milliardenschweren Pharma-Weltmarktes.

6. Die Geschichte der Codex Alimentarius Kommission 1962-1990

Nachdem die biochemische Struktur von Vitaminen, Mineralien, Aminosäuren und der meisten Spurenelemente in den 20-iger und 30-iger Jahren des vergangenen Jahrhunderts entziffert worden war, standen diese Natursubstanzen in jeder gewünschten Menge zur Verfügung.

Damit war es klar, daß diese Substanzen nicht nur in Einzelfällen zur Vorbeugung und Behandlung von Krankheiten eingesetzt werden konnten, sondern zur Bekämpfung von Volkskrankheiten wie Arterienverkalkung, Herzschwäche, Osteoporose und vielen anderen.

Diese Substanzen hatten in den Augen der Pharma-Industrie jedoch einen gewaltigen Nachteil: Sie konnten kaum patentiert werden. Die Gewinnspanne war viel zu niedrig, und sie standen damit der Strategie der Pharma Industrie im Wege, den menschlichen Körper als ihren Marktplatz und die darin auftretenden Krankheiten als ihren Absatzmarkt auszubeuten.

Es war klar, daß früher oder später dieses Kartenhaus der Pharma-Scheinwelt zusammenbrechen würde und die wissenschaftlich fundierte Bedeutung von Vitaminen und die überragende Bedeutung von Vitaminen und anderen natürlichen Bioenergieträgern für den Zellstoffwechsel offenkundig werden würde. Für diesen Fall baute die Pharmaindustrie rechtzeitig vor.

Deshalb begann das Pharma-Kartell bereits 1962 – kurz nach der Gründung der Vereinten Nationen (UNO) als weltumspannender politischen Organisation – diese zu infiltrieren und für seine Zwecke zu manipulieren. Von Anfang an war es Ziel des Pharma-Kartells, mit Hilfe der Codex Kommission den Pharma-Weltmarkt gegen vielfach überlegene Naturheilverfahren zu schützen.

30 Jahre lang, von 1962 bis 1990 ging dieser Plan auch auf. Mit Hilfe von Lobbyismus, Manipulation, Bestechung, Drohung und mit Hilfe von Gesetzen, die durch manipulierte oder korrupte Politiker abgefasst wurden, gelang es dem Pharma-Kartell, seinen Weltmarkt nicht nur zu schützen, sondern in ein „El Dorado" der internationalen Hochfinanz auszubauzen.

Die nachfolgende Seite faßt das gigantische und weltumspannende Betrugssystem des Pharma-Kartells zusammen, mit dem es nur ein Ziel verfolgte: Millionen Menschen weltweit über eine Billionen Mark jährlich aus der Tasche zu ziehen für eine Illusion, die es gar nicht gibt: Gesundheit durch Pharma-Medizin.

Das Pharma-Geschäft mit der Krankheit: Ein weltumspannendes Betrugsschema

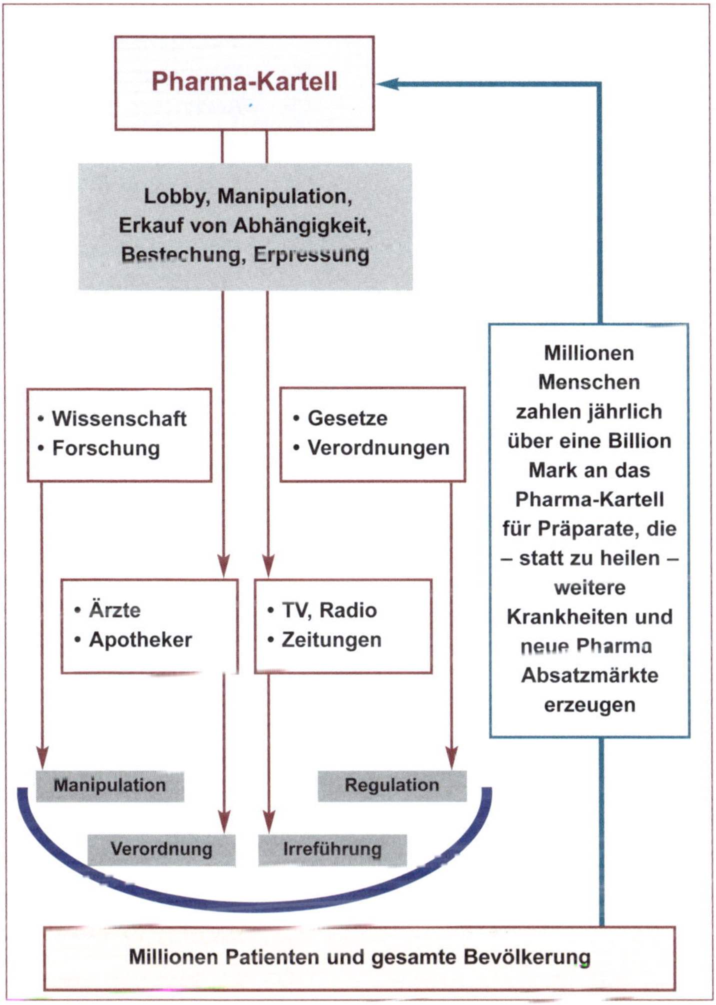

So werden Millionen Menschen dazu gebracht, Milliarden für eine Medizin zu bezahlen, die gar nicht heilen kann. Der blaue Bogen symbolisiert den Lügen-Schleier, der Voraussetzung für das „Pharma-Geschäft mit der Krankheit" ist.

7. Die Geschichte der Codex Alimentarius Kommission 1990 - 2000

Der nachfolgende Zeitablauf faßt für jeden nachvollziehbar den unmittelbaren Zusammenhang zwischen Dr. Raths medizinischem Durchbruch und dem Informationsboykott des Pharma-Kartells durch „Codex Alimentarius" zusammen:

1990 Erste wissenschaftliche Veröffentlichung der Grundlagen des neuen Verständnisses über die wahren Ursachen der Herz-Kreislauf-Erkrankung:

- „Lösung des Rätsels der Herz-Kreislauf-Erkrankung"
- „Einheitliche Grundlage der Herz-Kreislauf-Erkrankung"

1993 Dr. Raths erstes populärwissenschaftliches Buch über diesen medizinischen Durchbruch erscheint in den USA.

1993 Sofort versucht das Pharma-Kartell über Hetzkampagnen in den US-Medien, Vitamine per Gesetz zu Medikamenten erklären zu lassen.

1994 Der von Dr. Rath entwickelten Therapie werden die ersten Patente der Welt zuerkannt zur natürlichen Umkehr der Arterienverkalkung.

1994 Im August setzt eine Volksbewegung in den USA das Gesetz zur Vitamin-Freiheit (Dietary Supplement Health and Education Act) durch. Dieses Gesetz garantiert die freie Verbreitung von Gesundheitsinformationen über Vitamine und andere Naturheilverfahren.

1996 Im Mai erscheint Dr. Raths Buch „Warum kennen Tiere keinen Herzinfarkt – aber wir Menschen" erstmals in deutscher Sprache.

1996 Im Oktober trifft sich die sogenannte „Codex Alimentarius"-Konferenz in Bonn, um den weltweiten Informationsboykott einzuleiten.

1997 Dr. Raths Buch wird zum Bestseller in Deutschland und Österreich.

1997 Im Juni hält Dr. Rath einen historischen Vortrag in der Stadthalle Chemnitz. Das „Geschäft mit der Krankheit" durch die

Pharmaindustrie wird erstmals öffentlich als unvereinbar mit dem Menschenrecht angeprangert.

1998 Die Internetseiten www.rath.nl werden weltweit zur meistbesuchten Quelle für natürliche Gesundheitsinformationen.

1998 Im Oktober findet eine weitere „Codex" Konferenz in Berlin statt. Delegationen aus 44 Ländern nehmen teil. Am Vorabend der Konferenz klagt Dr. Rath das Pharma-Kartell und seine politischen Handlanger im „Berliner Tribunal" öffentlich wegen Verletzung der Menschenrechte an.

Dr. Rath, Mitarbeiter seines Netzwerks und über 13.000 Unterschriften aus aller Welt drücken am Tagungsort der „Codex" Konferenz in Berlin den weltweiten Protest aus.

Als Ergebnis dieses Protestes müssen die unethischen Pläne des Pharma-Kartells vorübergehend auf Eis gelegt werden.

1999 Das Pharma-Kartell versucht parallel zu der internationalen „Codex"-Strategie, über nationale Gesetze in verschiedenen Staaten den gesamten Bereich der Naturheilkunde weltweit zu kriminalisieren.

Durch eine massive europaweite Aufklärungskampagne von Dr. Rath mit über 4 Millionen Zeitungen allein in England wird dort das schlimmste Gesetz, MLX-249, verhindert.

In Deutschland, Frankreich und anderen Ländern werden entsprechende Gesetzesvorhaben derzeit noch weiterbetrieben.

2000 Vom 19.-23. Juni findet in Berlin die nächste „Codex"-Konferenz statt. Hier will das Pharma-Kartell den endgültigen Beschluß zum weltweiten Verbot der Verbreitung von Gesundheitsinformationen zu Vitaminen und anderen Naturheilverfahren durchpeitschen.

Einzelne Etappen dieser historischen Entwicklung werden auf den folgenden Seiten näher erläutert.

8. Dr. Raths wissenschaftlicher Durchbruch bedroht einen Pharma-Milliardenmarkt

Dann passierte es. Die Codex Alimentarius Kommission war 1990 – fast 30 Jahre nach ihrer Gründung – in einen „Dornröschenschlaf" gefallen, so perfekt lief das weltweite Pharma-Betrugsmanöver. Doch jetzt machte ein junger Arzt und Wissenschaftler die Entdeckung, die das Kartenhaus der Pharma-Medizin schlagartig ins Wanken brachte.

Herzinfarkt und Schlaganfall waren plötzlich keine echten Krankheiten mehr, sondern – ähnlich wie die Seefahrerkrankheit Skorbut – die direkte Folge von Vitaminmangel und damit verhinderbar. Die Logik dieser Entdeckung war brillant, und kein ernsthafter Wissenschaftler konnte jemals diesen Zusammenhang bezweifeln.

Jetzt war klar, daß mit „Pfennig-Substanzen" wie Vitamin C und anderen Naturstoffen ganze Medikamentengruppen allmählich überflüssig werden würden.

Herz-Kreislauf-Erkrankung war die Krankheits- und Todesursache Nr. 1 in allen Industrieländern und damit der Hauptabsatzmarkt für die symptomorientierte Pharma-Medizin. Betablocker, Kalziumantagonisten, Diuretika, Cholesterinsenker und viele andere Medikamentengruppen haben – jede für sich genommen – weltweite Umsätze in Höhe von zig-Milliarden Mark.

Seit 1990 weiß die Pharmaindustrie, daß – tut sie nichts dagegen – es nur noch eine Frage der Zeit sein würde, bis ihr milliardenschwerer Weltmarkt an überflüssigen Pharma-Präparaten auf einen Bruchteil des heutigen Standes zurückgestutzt oder ganz zusammenbrechen würde.

Auch aus diesem Grund wurde großer Wert darauf gelegt, daß diese neue Erkenntnis in Form eines Patentes abgesichert wird. Für dieses Patent war es erforderlich, den Nachweis zu erbringen, daß ein Faktor alleine, das Weglassen von Vitamin C in der Nahrung, zur Bildung von Atherosklerose führt. Dieser Nachweis gelang Dr. Rath mit Hilfe eines Tiermodells. Kurze Zeit später wurden diese Entdeckungen auch in klinischen Studien bestätigt.

Weitere Informationen zu diesem medizinischen Durchbruch finden Sie in Dr. Raths Buch „Warum kennen Tiere keinen Herzinfarkt – aber wir Menschen".

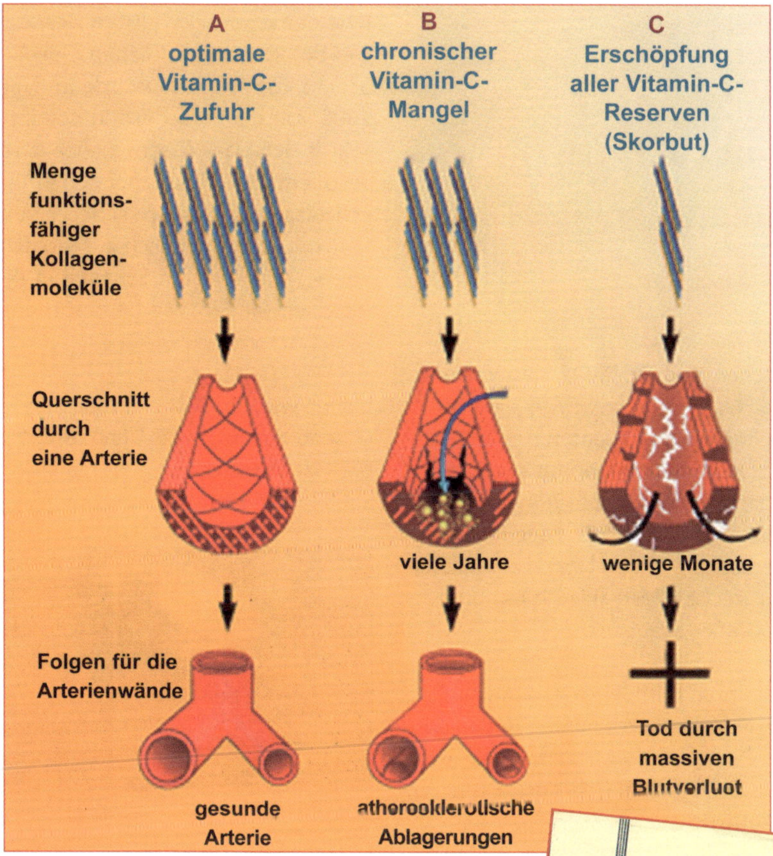

Oben: Herzinfarkt ist eine Frühform von Skorbut
Rechts: Titelseite des Patents zu diesem Durchbruch
Unten: Der Patent-Beweis im Tiermodell – Ein einziger Faktor, Mangel an Vitamin C in

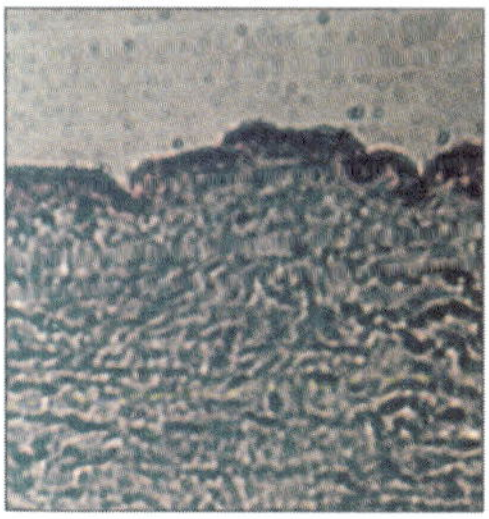

9. Weltweite Bestätigung von Dr. Raths medizinischem Durchbruch

Inzwischen sind Dr. Raths Entdeckungen umfangreich bestätigt worden. In klinischen Studien an Patienten mit koronarer Herzerkrankung konnte gezeigt werden, daß das von ihm entwickelte Vitaminprogramm in der Lage ist, Arterienverkalkung in den Herzkranzgefäßen auf natürliche Weise aufzuhalten und sogar wieder abzubauen.

Bei Patienten mit Herzschwäche sind Dr. Raths Vitaminprogramme in der Lage, die Pumpfunktion des Herzens zu verbessern, bei Bluthochdruck-Patienten den Blutdruck zu normalisieren, bei Diabetikern die Durchblutung in den Beinen wieder herzustellen. Amputationen, ja sogar Herzverpflanzungen konnten abgesagt werden. Die Erfolgsberichte von Patienten, denen mit Hilfe der Zellular Medizin geholfen wurde, füllen inzwischen ganze Bücher, wie z.B. „Gesundheit ist machbar!"

Die Zahl der im Internet zugänglichen Studien, in denen die vorbeugende und heilende Wirkung von Vitaminen bei Patienten mit verschiedensten Krankheiten dokumentiert wird, geht in die Tausende.

Eine der eindrucksvollsten Bestätigungen des wissenschaftlichen Durchbruchs von Dr. Rath wurde im Januar 2000 von US-Forschern in der Zeitschrift der US-Wissenschaftsakademie veröffentlicht. Mäuse, bei denen die Erbanlage zur körpereigenen Vitamin-C-Produktion künstlich ausgeschaltet wurde, entwickelten Schäden in den Arterienwänden, wie bei der menschlichen Arterienverkalkung.

Damit war Dr. Raths Entdeckung umfassend bestätigt, daß Vitamin-C-Mangel die Hauptursache von Herzinfarkt und Schlaganfall ist.

Wie vor 400 Jahren die Entdeckung, daß sich die Erde um die Sonne dreht und nicht umgekehrt, so wird jetzt im Bereich der Medzin ein veraltetes Weltbild abgelöst. Herzinfarkt und Schlaganfall sind kein unabänderliches Schicksal mehr, sondern die direkte Folge von Vitaminmangel und damit verhinderbar.

Damals wie heute wird der Durchbruch von denjenigen bekämpft, die das bestehende Weltbild erhalten wollen, um ihre Macht zu sichern.

Zeitungsanzeigen u.a. in Frankfurter Allgemeine, Frankfurter Rundschau, Süddeutsche Zeitung

Durchbruch

in der natürlichen Vorbeugung von Herzinfarkt und Schlaganfall

Schon vor Jahren zeigte Dr. med. Matthias Rath in einschlägigen Forschungsarbeiten und einer klinischen Studie, daß die Ursache von Herzinfarkt und Schlaganfall überraschend einfach ist: Ein chronischer Vitaminmangel in den Blutgefäßwänden ähnlich wie bei der alten Seefahrerkrankheit Skorbut. Der Mangel vor allem an Vitamin C schwächt das Bindegewebe der Arterienwände.

Schlagzeile in der „Welt am Sonntag" vom 23. 1.2000

Mangel an Vitamin C schädigt Blutgefäße

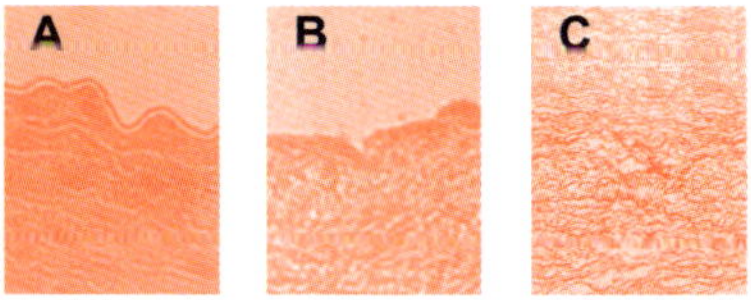

Arterienwände unter dem Mikroskop:

A: Gesunde Arterienwandstruktur beim Meerschweinchen
B: Vitaminmangel schwächt die Struktur der Arterienwand und schädigt deren Oberfläche (beim Meerschweinchen)
C: Arterienwände, wie sie sich auch bei Koronarpatienten finden
Die Abbildungen sind Dr. Raths Buch „Warum kennen Tiere keinen Herzinfarkt – aber wir Menschen" entnommen.

In den kleinen Einrissen, die dadurch vor allem in den stark beanspruchten Herzkranzarterien entstehen, setzen sich Reparaturstoffe – zum Beispiel Cholesterine – ab. Diese Ablagerungen führen bei chronischem Vitaminmangel über viele Jahre zur Verengung oder gar zum Verschluß der Blutgefäße.

Ebenso bedeutsam ist die Tatsache, daß Herzinfarkt und Schlaganfall in der Tierwelt schlicht nicht vorkommen, da Tiere, im Unterschied zum Menschen, körpereigenes Vitamin C herstellen. Der Schutz der Blutgefäße hängt daher in erster Linie von der optimalen Zufuhr von Vitaminen und anderen Zellschutzfaktoren ab.

Dr. med. Matthias Rath erhielt die Rechte für die erste patentierte Therapie der Welt zur natürlichen Vorbeugung und Abbau der Arterienverkalkung.

Forschungsergebnisse aus den USA, am 23. Januar von der „Welt am Sonntag" veröffentlicht, liefern jetzt überzeugende neue Belege für diese Ergebnisse:

Die Forscher der University of North Carolina und des University of Texas Health Science Center züchteten Mäuse, bei denen ein spezielles Gen inaktiviert wurde, welches für die *Vitamin-C-Synthese* sorgt. Menschen besitzen dieses Gen nicht, deshalb können sie Vitamin C nicht selbst produzieren – es muss über die Nahrung zugeführt werden. Die Mäuse waren nach der Gen Manipulation ebenso auf die Gabe von Vitamin C (Ascorbinsäure) angewiesen. Sie erhielten jedoch Futter, das nicht mit Vitamin C angereichert war. Besonders dramatisch waren die direkten Auswirkungen auf die Blutgefäße der Mäuse:An den elastischen Schichten der Hauptschlagader (Aorta) entstanden Risse, zugleich kam es zur Wucherung von Gefäßmuskelzellen und zur Abschuppung von Zellen an der Gefäßinnenwand (Proceedings of the National Academy of Sciences. Bd. 97, S. 841).

Diese bahnbrechenden Erkenntnisse begründen eine neue Epoche in der Behandlung von Arteriosklerose

Bereits 1994 patentierte Dr. med. Matthias Rath die erste natürliche Therapie zur Rückbildung von arteriosklerotischen Ablagerungen – ohne Ballonkatheter und Bypassoperation (US Patent Nr. 5 278 189). Neben der optimierten Zufuhr von Vitamin C werden vor allem die Aminosäuren Lysin und Prolin gegeben, die ebenfalls zur Regeneration der Blutgefäße beitragen. In einer klinischen Studie zeigte Dr. med. Rath, daß bereits nach einem Jahr der Anwendung seines Vitaminprogramms die Ablagerungen in den Herzkranzgefäßen gestoppt und in Einzelfällen sogar vollständig zurückgebildet wurden. **Die Bilder rechts zeigen Computertomographie-Aufnahmen der Herzkranzarterien eines Patienten vor Beginn der Studie und nach einem Jahr Vitaminprogramm. Die Ablagerung (weisser Fleck) war völlig verschwunden.**

Seitdem wird diese natürliche Therapieform mit großem Erfolg von vielen Tausend Patienten angewandt.
Die konkrete Anwendung dieser Erkenntnisse sowie deren wissenschaftlichen Hintergründe und klinischen Studien hat Dr. med. Rath ausführlich und gut verständlich dokumentiert in dem Klassiker und Bestseller der medizinischen Aufklärung:

„Warum kennen Tiere keinen Herzinfarkt – aber wir Menschen".

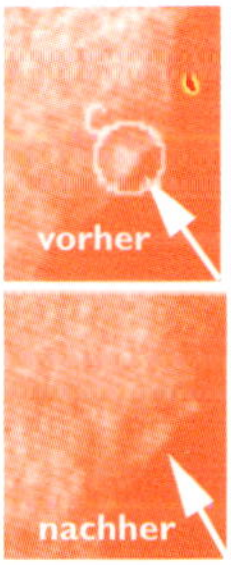

10. Verantwortungslose Reaktionen auf Dr. Raths Durchbruch: Kartellbildung zu Informationsboykott und Preisabsprachen

Dr. Rath ließ nichts unversucht, um seine Entdeckung möglichst rasch zu verbreiten und damit möglichst viele Menschenleben zu retten. So informierte er bereits 1990 den Schweizer Roche-Konzern, die zweitgrößte Pharma-Firma der Welt und der größte Hersteller von Vitamin C als Rohsubstanz, sowie ein Dutzend andere Pharmafirmen. Nebenstehend finden Sie Ausschnitte aus Dr. Raths Korrespondenz mit Roche.

Doch Dr. Rath mußte erkennen, daß das Geschäft der Pharmaindustrie nicht das Retten von Menschenleben ist, sondern genau das Gegenteil. Der Roche-Konzern spiegelte zunächst Interesse vor, nutzte die Informationen aber zu ganz anderen Zwecken.

Als direkte Reaktion auf die Information über Dr. Raths wissenschaftlichen Durchbruch bildeten Roche, BASF und einige andere Pharma-Konzerne zwei kriminelle Kartelle:

- Codex Alimentarius: Ein Kartell, das weltweit dafür sorgt, daß Dr. Raths Entdeckungen abgeblockt werden.
- Vitaminpreis-Kartell: Ein Kartell, das die Vitamin-Rohstoffe künstlich verteuerte, um unabhängig von „Codex" mit Dr. Raths Entdeckungen Milliardengeschäfte zu machen.

Dr. Raths Lebenswerk hat dem Pharma-Wolf die Maske vom Gesicht gerissen.

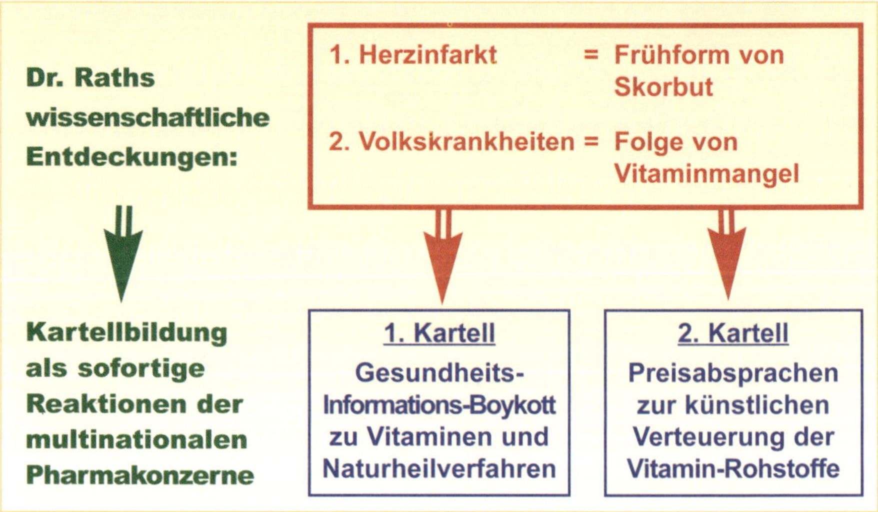

Dr. Raths Brief, mit dem er den Roche-Konzern als weltgrößten Hersteller von Vitamin C über seinen Durchbruch informierte.

June 4, 1990

CONFIDENTIAL

Professor Jürgen Drews
Hoffmann-La Roche & Co. AG
Grenzacherstrasse 122
Basel
CH-4058 Baselstadt
Switzerland

Dear Professor Drews:

Following our conversation on the vitamin C-related atherosclerosis research we send you today the concept of this work. … … … … The implications of this concept for human health are obvious. Our research promises to provide important missing links on the cellular and molecular level to prove the role of vitamin C on prevention and therapy for cardiovascular disease and other diseases. Beside animal studies conducted, we have obtained preliminary data from patients in support of this concept. If further evidence can be provided, we foresee a several-fold increase in the preventive and therapeutic use of vitamin C.

As a next step we suggest that further evidence should be provided on various research levels. We could offer links to other research labs and clinical centers interested in this field.

We are convinced of the mutual benefit of our discovery and its scientific and commercial impacts. We are looking forward to your reply.

Sincerely,

Dr. Matthias Rath

MR:mb

Als Mitglied des Vitamin-Kartells wurden die Roche-Manager inzwischen krimineller Machenschaften überführt und zahlten allein in den USA über eine Milliarde Dollar Strafe.

Roche

F. HOFFMANN-LA ROCHE AG

Law Department

Your Ref.: MR:
Our Ref.: StA/Co-mb
Direct Dialling: 061 688 58 66

Basel, June 18, 1990

<u>Agreement of Confidentiality</u>

Dear Dr. Rath,

We are refering to the draft Agreement of Confidentiality of May 25, 1990, already signed by you.

May we kindly ask you to send us a second original of the Agreement of Confidentialty already duly signed by you. After full execution of both originals, we shall return to you one original and keep the other one for our files.

Yours sincerely,

F.HOFFMANN-LA ROCHE Ltd

Prof. J. Drews

Dr. C. Conti

CH-4002 Basel, Schweiz
Telephon 061-688 11 11
Telex 962 292/965 542 hlr ch
Telefax 061-691 93 91/691 96 00

F. HOFFMANN-LA ROCHE LTD
CH-4002 Basel, Switzerland
Telephone 061-688 11 11
Telex 962 292/965 542 hlr ch
Telefax 061-691 93 91/691 96 00

F. HOFFMANN-LA ROCHE SA
CH-4002 Bâle, Suisse
Téléphone 061-688 11 11
Télex 962 292/965 542 hlr ch
Téléfax 061-691 93 91/691 96 00

Auch im „Codex"-Informations-Boykott-Kartell findet sich der Roche-Konzern als Mitglied.

Roche muss für Kartell büßen

Illegale Absprachen im Vitamingeschäft verringern den Gewinn

Badische Zeitung
29. 9. 1999

Die Kartellbrüder müssen blechen

Süddeutsche Zeitung
29. 9. 1999

11. Gesundheits-Information in Dr. Raths Bücher als Zielscheibe der „Codex"-Pläne des Pharma-Kartells

Die Angst der Machthaber vor der Wahrheit, die ihre Privilegien bedroht, zieht sich wie ein roter Faden durch die Geschichte.

Vor 500 Jahren wurden die ersten umgangssprachlichen Bibeln von den Machthabern verboten und die Druckereien zerstört. Ohne Erfolg! Millionen Menschen nahmen sich einfach das Recht, Lesen und Schreiben zu lernen.

Der Druck der ersten Bibeln in deutsch und anderen Umgangssprachen ermöglichte Millionen einfacher Menschen, Lesen und Schreiben zu lernen. Die Fürsten des Mittelalters waren nicht bereit, die „Macht des Wissens" mit ihren Untertanen zu teilen. Sie verboten den Bibeldruck!

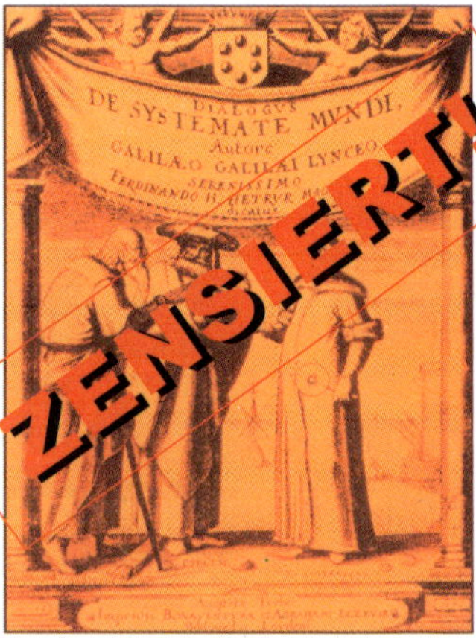

Galileos Buch über das neue Universum, in dem die Sonne und nicht die Erde im Mittelpunkt steht, wurde von den damaligen Machthabern und der römischen Kirche verbannt.

Vor 400 Jahren gefährdete die Entdeckung, daß die Erde sich um die Sonne dreht und nicht umgekehrt, das gesamte Machtgefüge der damaligen römischen Kirche. Galileo Galileis Bücher wurden auf den Index gesetzt, und er wurde mit Folter bedroht. Die Wahrheit setzte sich dennoch durch!

Heute sind es die Gesundheits-Informationen in Dr. Raths Buch, die den Amoklauf des Pharma-Kartells mit seinen „Codex"-Plänen herausfordern. Dr. Raths Bestseller „Warum kennen Tiere keinen Herzinfarkt"wurde bisher in10 Sprachen übersetzt und über eine Million mal verkauft. Jedes einzelne Kapitel in Dr. Raths Buch bedeutet nicht nur das Ende einer weiteren Volkskrankheit, sondern beendet auch einen weiteren Milliardenmarkt an überflüssigen Pharma-Präparaten.

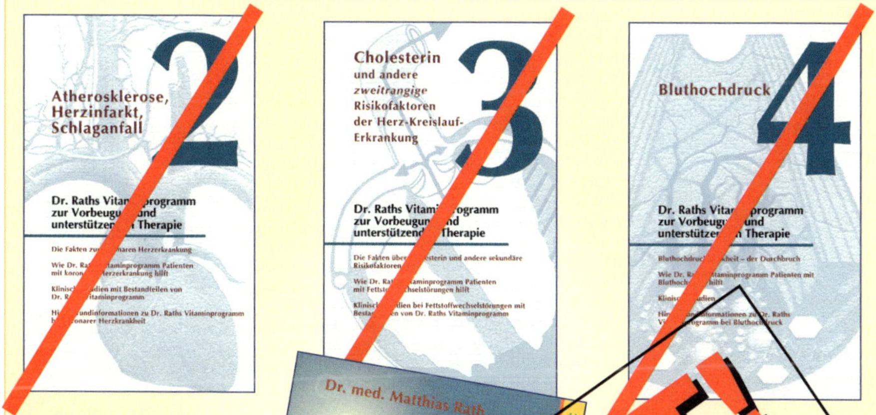

Dr. Raths Bestseller „Warum kennen Tiere keinen Herzinfarkt“

wurde bisher

- in 10 Sprachen übersetzt
- über 1 Million mal verkauft

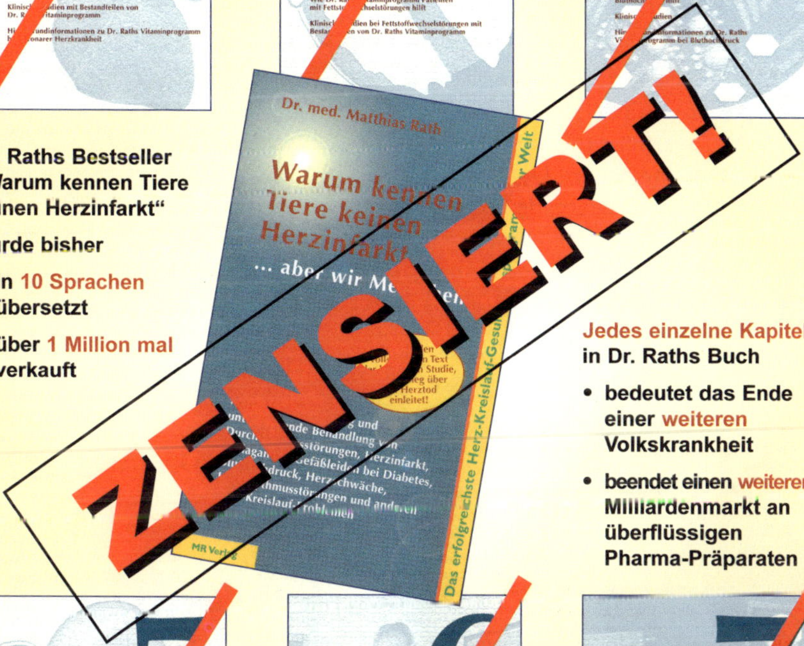

Jedes einzelne Kapitel in Dr. Raths Buch

- bedeutet das Ende einer weiteren Volkskrankheit
- beendet einen weiteren Milliardenmarkt an überflüssigen Pharma-Präparaten

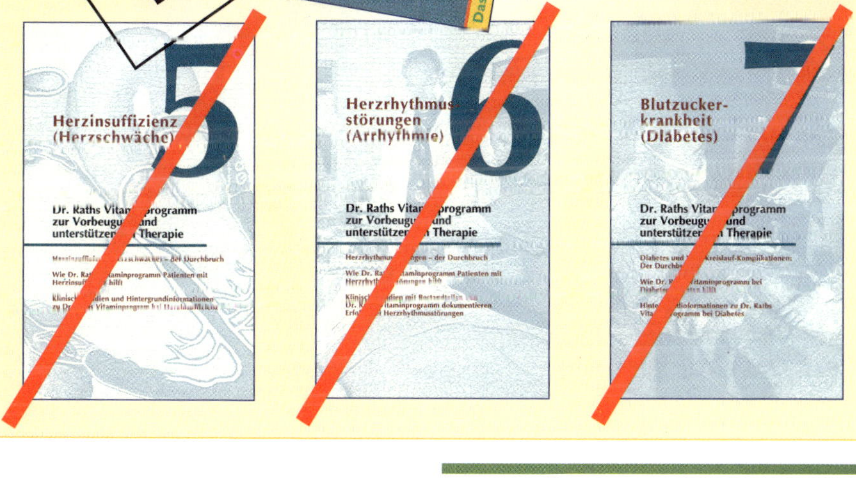

12. Maulkorb für Vitamine gegen Volkskrankheiten Herzinfarkt und Schlaganfall

Die „Codex"-Pläne des Pharma-Kartells mit einem weltweiten gesetzlichen Verbot von Gesundheitsinformationen über Vitamine und andere Naturheilverfahren hätten verheerende Folgen für Gesundheit und Leben von

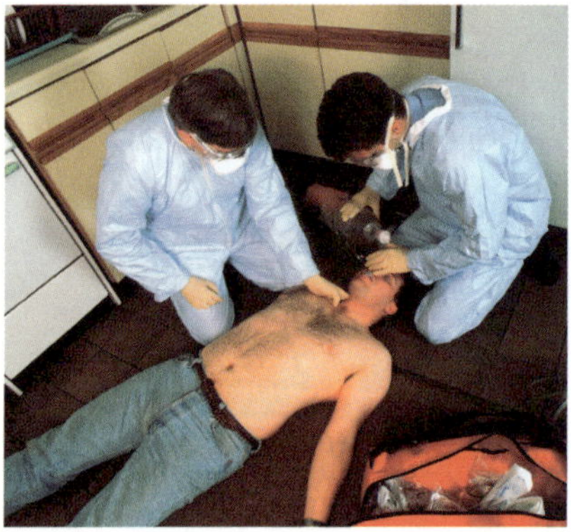

Allein in Deutschland sterben jedes Jahr eine halbe Million Menschen an den Folgen vermeidbarer Herz-Kreislauf-Erkrankungen

Millionen Menschen. Nach der Statistik der Weltgesundheitsorganisation sterben derzeit über 12 Millionen Menschen jedes Jahr an den Folgen der Arterienverkalkung, Herzinfarkt und Schlaganfall.

Setzt sich das Pharma-Kartell mit seinen Codex-Plänen durch, darf der Zusammenhang zwischen Vitamin-C-Mangel als Ursache der Arterienwandschwäche und der Entstehung der Arterienverkalkung nicht mehr veröffentlicht werden. Die Weiterverbreitung dieser lebenswichtigen Information würde sogar unter Strafe gestellt.

Das Pharma-Kartell versucht mit Hilfe von „Codex", den Vitaminmangel als Hauptursache der Arterienverkalkung per Gesetzesgewalt leugnen zu lassen. Ein Milliardenmarkt an Kalziumantagonisten, Betablockern und anderen Pharmapräparaten soll erhalten werden.

Als direkte Folge davon wird weiterhin jeder zweite Mann und jede zweite Frau in den Industrieländern an Herzinfarkt und Schlaganfall sterben. Allein in Deutschland sind dies jedes Jahr fast eine halbe Million Menschen.

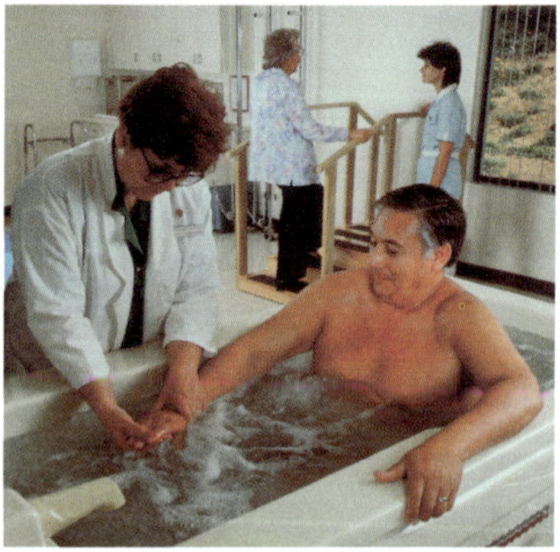

Hundertausende Schlaganfallopfer sind Krüppel bis ans Lebensende

Ziel der „Codex Alimentarius"-Pläne: Zensur lebenswichtiger Gesundheits-Informationen in Dr. Raths Buch – z.B. Herzinfarkt

Hauptursache

Ein chronischer Mangel an Vitaminen in Millionen von Blutgefäßwandzellen

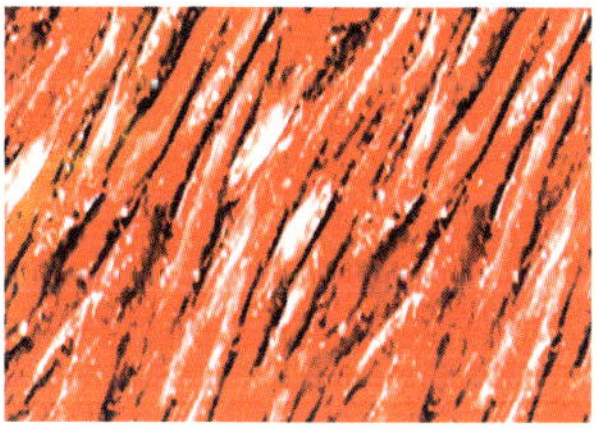

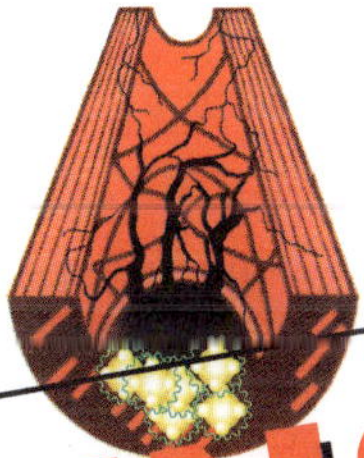

- Instabilität der Wand
- Risse und Läsionen
- Atherosklerose

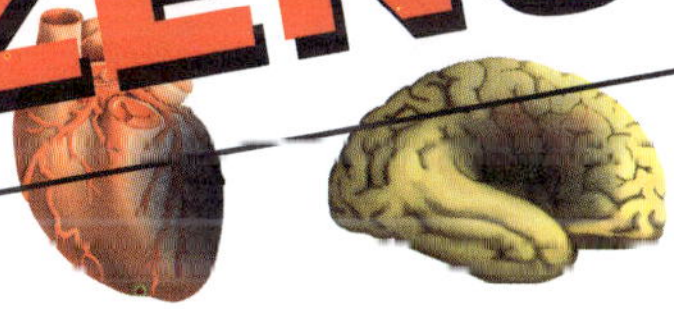

Verschluß der Herzkranzgefäße → Herzinfarkt

Verschluß der Gehirnarterien → Schlaganfall

Natürliche Vorbeugung und Basisbehandlung

Optimale tägliche Zufuhr von Dr. Raths Vitaminprogramm, besonders:
- Vitamin C
- Lysin
- Prolin

füllt auf

hilft verhindern und heilen

hilft verhindern

hilft verhindern

ZENSIERT!

13. Maulkorb für Vitamine gegen Volkskrankheit Hohes Cholesterin

Setzt sich das Pharma-Kartell mit seinen Codex Alimentarius-Plänen durch, so darf auch der Zusammenhang zwischen Vitaminmangel und dem Anstieg von Risikofaktoren im Blut, wie Cholesterin, Triglyzeriden und Homozystein nicht mehr weiterverbreitet werden.

Geht es nach dem Willen des Pharma-Kartells, so bleibt die Diagnose „hoher Blutfettspiegel", „hohes Cholesterin", „hohe Triglyzeride" und andere Volkskrankheiten ein Schicksalsschlag. Für die Pharma-Konzerne sind diese weitverbreiteten Stoffwechselkrankheiten in erster Linie milliardenschwere Absatzmärkte für Cholesterinsenker und andere synthetische Pharma-Präparate, die um jeden Preis erhalten und ausgeweitet werden müssen.

Gleichzeitig versucht das Pharma-Kartell, durch seinen Einfluß auf die medizinischen Universitäten die Grenzwerte für Cholesterin im Blut immer weiter zu senken. Mit der derzeitigen Cholesterin-Höchstgrenze von 200 mg/dl wird über die Hälfte der Menschheit als „krank" definiert – nur mit einem Ziel: den Absatz von Cholesterinsenkern künstlich zu steigern.

Es überrascht daher nicht, daß der jährliche weltweite Absatz an Cholesterinsenkern die 10 Milliarden-DM-Grenze längst überschritten hat.

Dabei steht fest, daß alle derzeit auf dem Markt befindlichen Cholesterinsenker krebserregend sind. Doch auch diese Eigenschaft ist von Seiten der Pharmaindustrie geradezu erwünscht, sorgt sie doch für Folgekrankheiten und dadurch für eine Ausweitung des „Geschäfts mit der Krankheit".

Optimale Versorgung mit Vitaminen stabilisiert nicht nur die Arterienwand, sondern senkt auch erhöhte Blutfettspiegel und andere Risikofaktoren im Blut. Das geplante Verbot der Weiterverbreitung dieser lebenswichtigen Informationen durch Codex Alimentarius ist ein Verbrechen gegen das Menschenrecht.

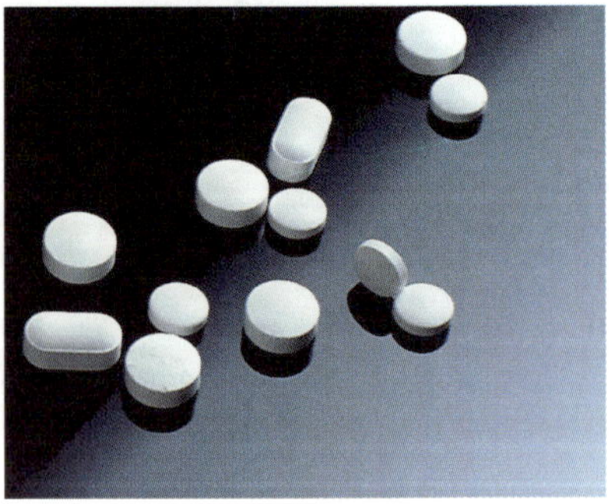

In seiner Ausgabe vom 6. Januar 1996 warnte das Amerikanische Ärzteblatt: „Alle derzeit verordneten Cholesterin-Senker sind krebserregend." Die Pharmakonzerne unterdrückten diese ärztliche Warnung bis heute!

Ziel der „Codex Alimentarius"-Pläne: Zensur lebenswichtiger Gesundheits-Informationen in Dr. Raths Buch – z.B. Hoher Cholesterin-Spiegel

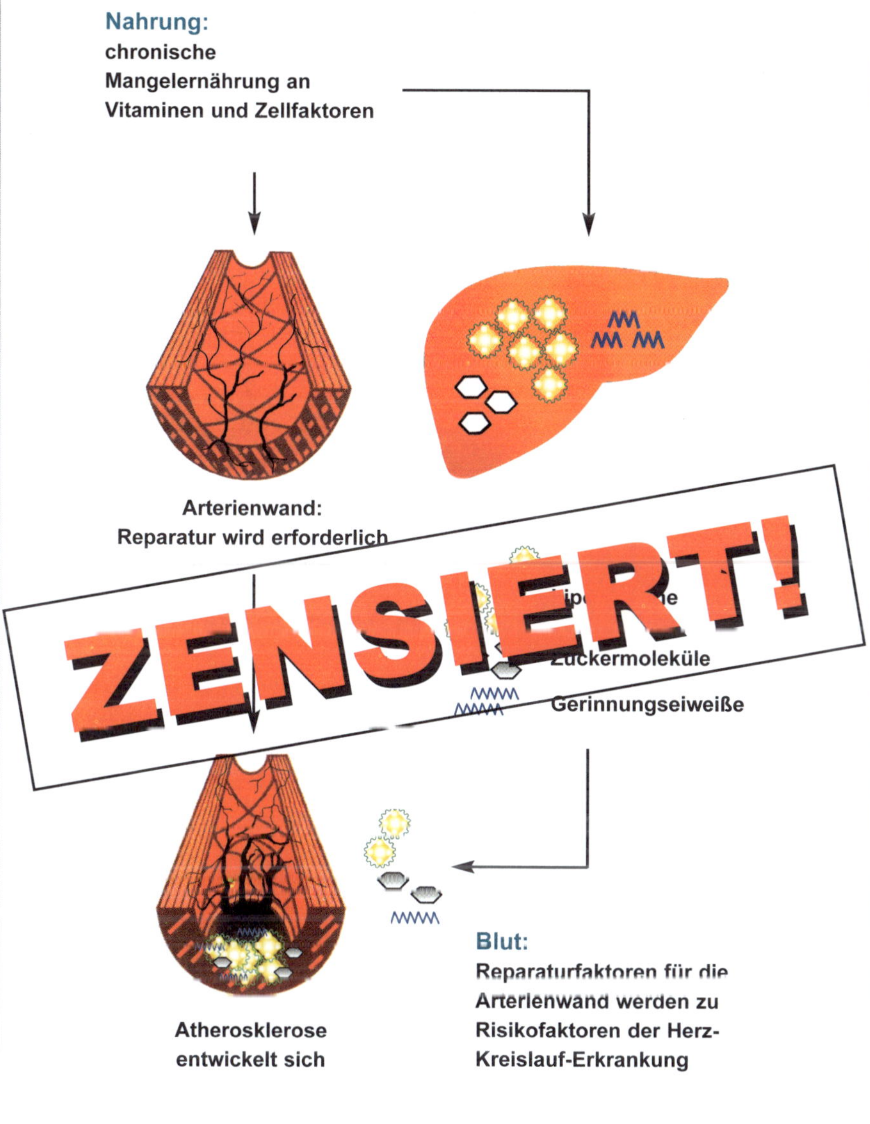

14. Maulkorb für Vitamine gegen Volkskrankheit Bluthochdruck

Auch bei der Volkskrankheit Bluthochdruck hat der geplante Informationsboykott durch Codex Alimentarius verheerende Konsequenzen für hunderte Millionen Patienten weltweit.

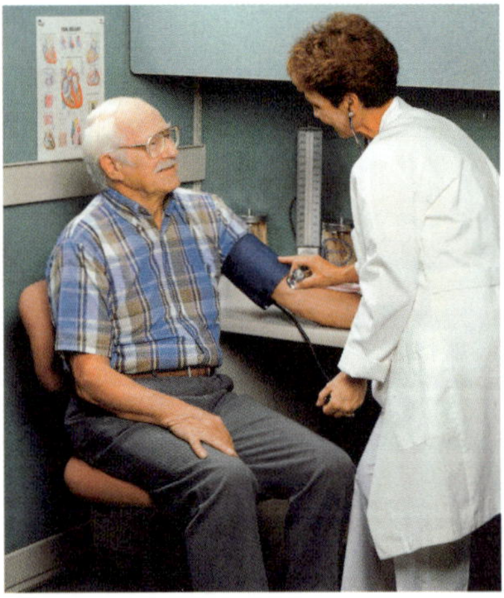

Die Pharma-Medizin verschleiert in über 90% der Fälle die Ursachen der Bluthochdruck-Krankheit mit dem Diagnose-Tarnbegriff „Essentielle Hypertonie"

Die Hauptursache von Bluthochdruck ist ein Mangel an Vitaminen, Mineralien und bestimmten Aminosäuren in den Millionen Zellen der Arterienwand. Dieser Mangel an Bioenergiefaktoren im Zellstoffwechsel führt zu einer erhöhten Wandspannung und zum Anstieg des Blutdrucks. Eine optimale Versorgung mit Vitaminen ist daher nicht nur der wichtigste Schritt zur natürlichen Vorbeugung von Bluthochdruck, sondern auch die Basisversorgung für eine wirksame Therapie.

Geht es nach dem Pharma-Kartell, so wird die wahre Ursache der Volkskrankheit Bluthochdruck weiter bewußt und wider besseres Wissen vernebelt bleiben. Millionen Bluthochdruckpatienten werden sich mit der Nebeldiagnose „essentielle Hypertonie" zufriedengeben müssen. Niemand wird ihnen sagen, daß der lateinische Begriff „essentiell" im Deutschen nichts anderes bedeutet als „Ursache unbekannt".

Die Codex Alimentarius-Gesetzesvorlage sieht vor, daß die Tatsache, daß Vitaminmangel die Hauptursache der Bluthochdruckkrankheit ist, nicht mehr weiterverbreitet werden darf. Allein in Deutschland wären davon über 10 Millionen Menschen betroffen. Auch hier ist das Motiv offenkundig: Der Schutz eines Milliardenmarktes an Betablockern, Diuretika (Wassertabletten) und anderen Pharma-Präparaten, die derzeit zur Symptom-Behandlung des Bluthochdrucks eingesetzt werden.

Ziel der „Codex Alimentarius"-Pläne: Zensur lebenswichtiger Gesundheits-Informationen in Dr. Raths Buch – z.B. Bluthochdruck

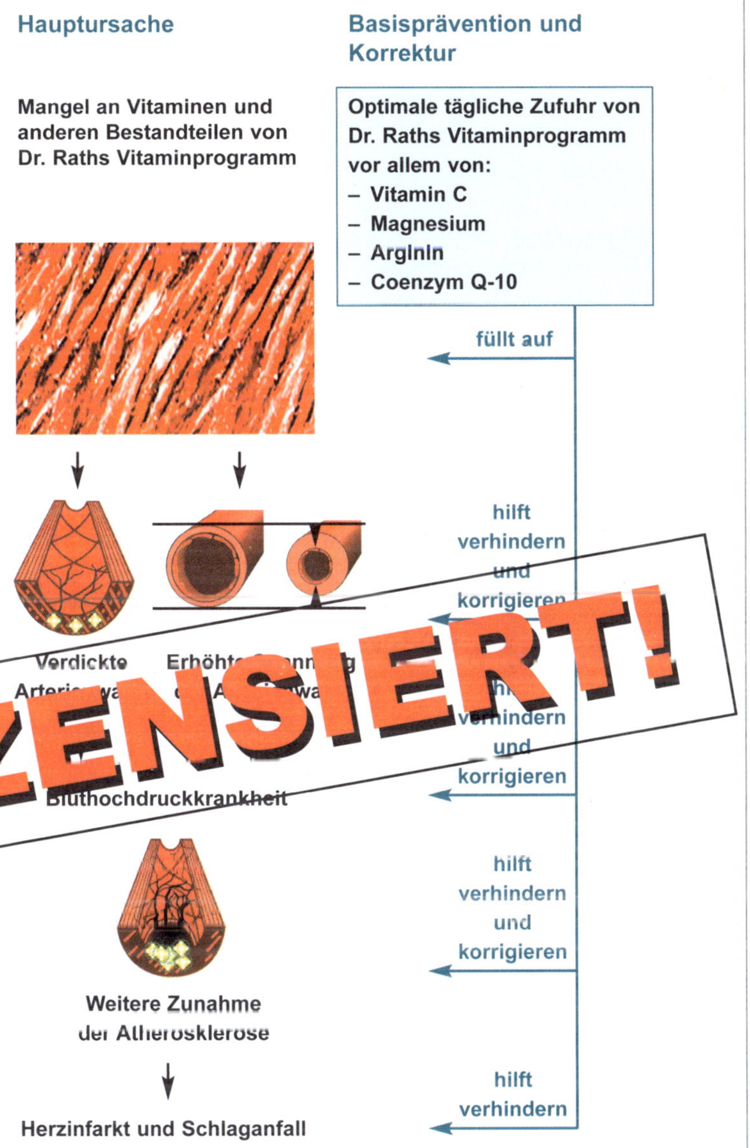

15. Maulkorb für Vitamine gegen Volkskrankheit Herzschwäche

Auch für Millionen Menschen, die an der Volkskrankheit Herzschwäche leiden, hätte die geplante Zensur lebenswichtiger Gesundheitsinformationen durch Codex Alimentarius verheerende Konsequenzen.

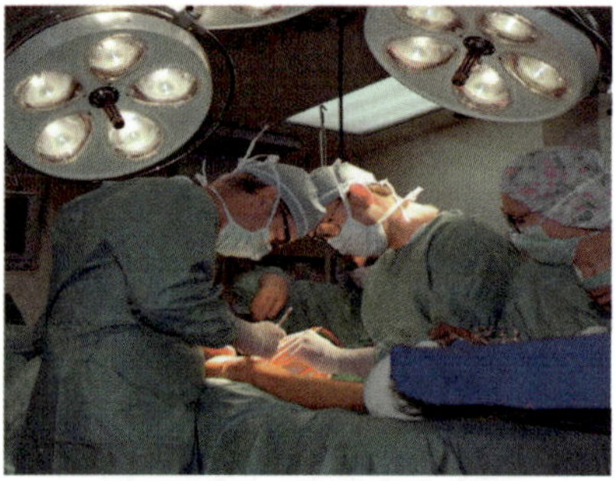

Die Pharma-Medizin „verkauft" Patienten mit Herzschwäche eine Herztransplantation als letzten Ausweg

Die Zellular Medizin hat Vitaminmangel als Hauptursache der Herzschwäche nachgewiesen. Vitamine liefern lebenswichtige Bioenergie für die Herzmuskelzellen, verbessern so die Pumpfunktion des Herzens und helfen, die Herzschwäche auf natürliche Weise zu beheben. Mit Hilfe von Dr. Raths Vitaminprogrammen konnten sogar bereits geplante Herztransplantationen abgesagt werden.

Durch eine gezielte Verschleierung dieser wissenschaftlichen Fakten ist es der Pharma-Medizin gelungen, auch mit dieser Krankheit einen Milliardenmarkt an überflüssigen Pharmapräparaten aufzubauen. Dazu gehören Diuretika (Wassertabletten), Digitalis-Präparate und andere mehr.

Bei Joey Blackburn, (USA) konnte mit Hilfe von Dr. Raths Vitaminprogramm eine Herztransplantation verhindert werden

Besonders lukrativ ist auch der „letzte Ausweg" zur Therapie einer Herzschwäche: Eine Herztransplantation, der Austausch des vitaminverarmten Organs, ist mit jedem einzelnen Patienten ein Millionengeschäft.

Weltweit leiden mehr als 50 Millionen Menschen an Herzschwäche. Um Vitaminmangel als Hauptursache dieser Krankheit zu verschleiern, erfand die „Pharma-Medizin" die Tarndiagnose „idiopathische Kardiomyopathie". Jetzt, da dieser Betrug aufgeflogen ist, versucht man, die Wahrheit über Codex-Gesetze verbieten zu lassen. Kommen diese Pläne durch, werden dies in den nächsten Jahren hunderte Millionen Patienten mit dem Leben bezahlen.

Ziel der „Codex Alimentarius"-Pläne: Zensur lebenswichtiger Gesundheits-Informationen in Dr. Raths Buch – z.B. Herzschwäche

Hauptursache

Mangel an Vitaminen und anderen Bestandteilen von Dr. Raths Vitaminprogramm

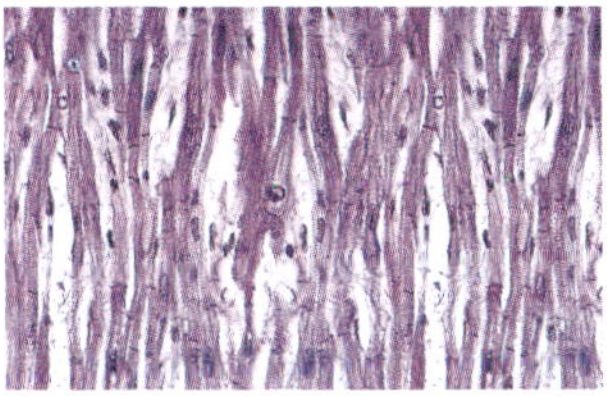

Zu schwache Kontraktion von Millionen Herzmus

ZENSIERT!

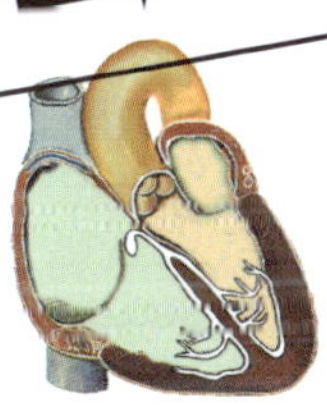

Zu schwache Pumpfunktion des Herzmuskels

Herzinsuffizienz (Kurzatmigkeit, Ödeme, Leistungsschwäche)

Basisprävention und Korrektur

Optimale tägliche Zufuhr von Dr. Raths Vitaminprogramm vor allem von:

- Vitamin C
- Magnesium
- Karnitin
- Coenzym Q-10

füllt auf

hilft verhindern und korrigieren

hilft verhindern und korrigieren

hilft verhindern

16. Maulkorb für Vitamine gegen Volkskrankheit Diabetes

Hunderte Millionen Menschen weltweit leiden derzeit an Erwachsenen-Diabetes, und die Krankheit breitet sich weiter aus. Ursache dieser Volkskrankheit ist Vitaminmangel, der eine zugrundeliegende erbliche Veranlagung erst zur Krankheit werden läßt.

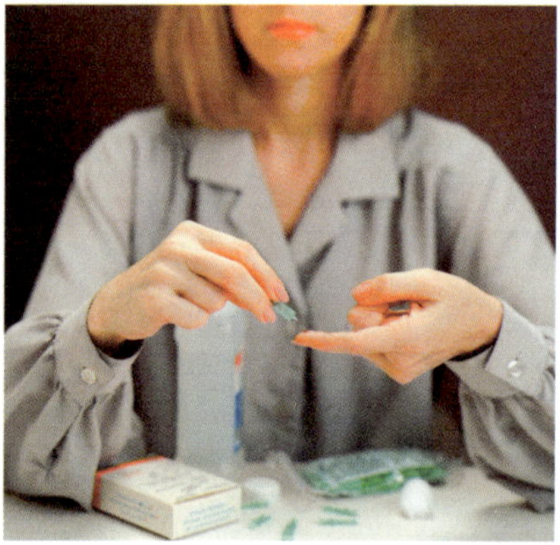

Diabetes ist eine besonders heimtückische Krankheit. Ohne Vitamin-Schutz kann es zu Infarkten in fast allen Organen kommen.

Die ersten klinischen Studien, daß Vitamin-C-Gaben bei Diabetikern den Blutzuckerspiegel und den Insulinbedarf senken, wurden bereits 1937 veröffentlicht.

Auch beim Diabetes gelang es der Pharmaindustrie, über ein halbes Jahrhundert lang die Tatsache zu verheimlichen und zu verschleiern, daß Vitaminmangel die Hauptursache dieser Volkskrankheit ist. Dadurch gelang es den Pharma-Konzernen auch hier, einen Milliardenmarkt an unnützen Diabetes-Präparaten aufzubauen.

Auch für diese Volkskrankheit zerreißt Dr. Raths Buch den von der Pharma-Industrie aufgebauten Schleier der Unwissenheit und Volksverdummung. Auch bei dieser Krankheit sind die Informationen in Dr. Raths Buch für zig-Tausende Diabetes-Patienten inzwischen lebensrettend geworden.

Auch bei der Diabetes-Volkskrankheit bedroht allein die Weitergabe der Information über Vitaminmangel als Hauptursache dieser Krankheit einen Milliardenmarkt an überflüssig gewordenen Pharma-Präparaten.

Auch beim Diabetes soll nun im Interesse des Pharma-Kartells die lebenswichitge Rolle von Vitaminen bei der Vorbeugung und Behandlung dieser Volkskrankheit mit brutaler Gesetzesgewalt unterdrückt werden.

Auch hier gilt: Setzt sich das Pharma-Kartell mit seinen „Codex"-Plänen durch, werden diese Entscheidung hunderte Millionen Menschen in den kommenden Jahren mit dem Leben bezahlen.

Ziel der „Codex Alimentarius"-Pläne: Zensur lebenswichtiger Gesundheits-Informationen in Dr. Raths Buch – z.B. Diabetes

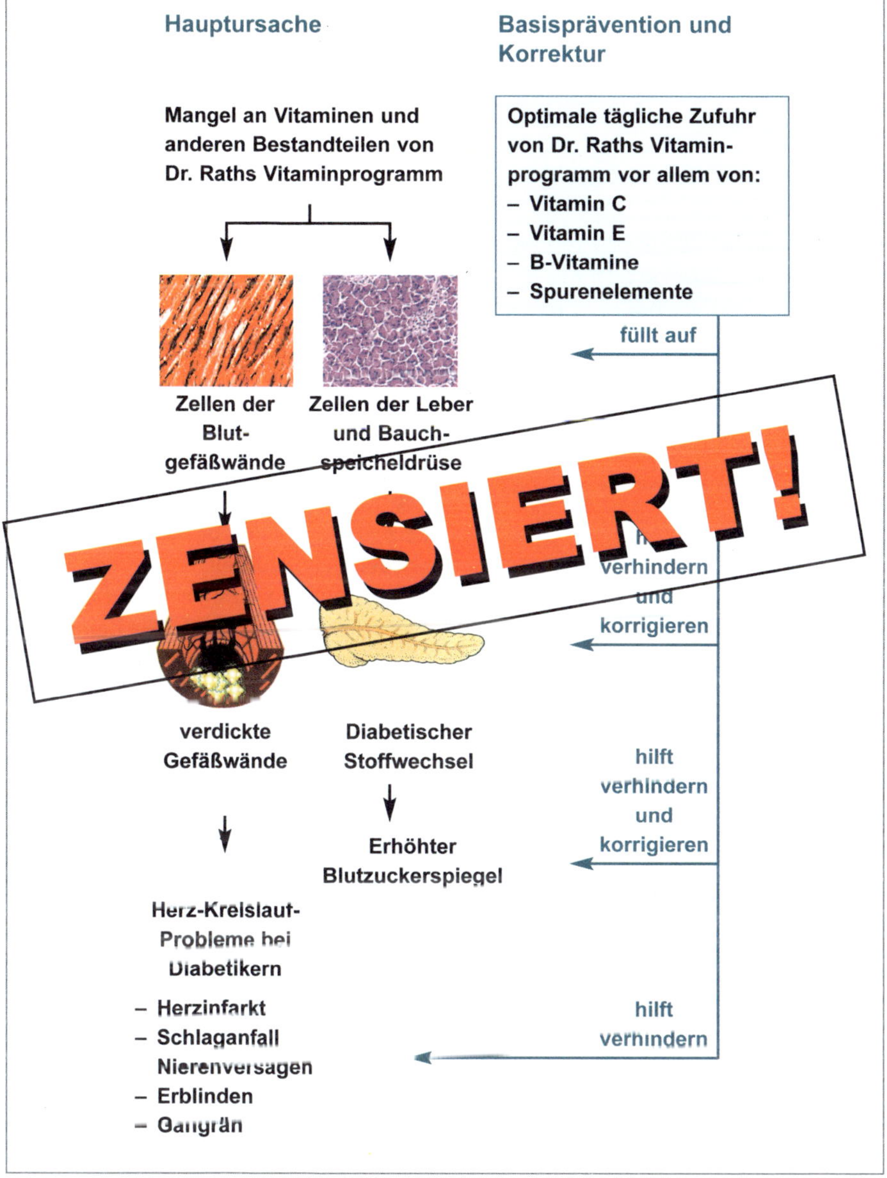

17. Maulkorb für Vitamine gegen Volkskrankheit Krebs

Krebs ist die zweithäufigste Todesursache in den Industrieländern der Erde. Das Pharmageschäft mit dem Krebs ist gleichzeitig eine der lukrativsten und grausamsten Varianten des „Geschäfts mit der Krankheit".

Besonders verwerflich ist die sogenannte Chemotherapie, mit der nicht nur Krebszellen, sondern auch alle gesunden Körperzellen geschädigt werden. Der Einsatz der Chemotherapie zieht daher zwangsläufig eine ganze Serie von Folgebehandlungen (= weitere Absatzmärkte) nach sich. Die Krebstherapie mit Zytostatika (Chemotherapie) ist ein Auswuchs der Pharmamedizin, denn

- es gibt bis heute keinen Nachweis für eine lebensverlängernde Wirkung dieser Therapie
- selbst Ärzte lassen sich keine Chemotherapie verordnen
- das einzige, was sicher ist, ist das Millionengeschäft mit der Krebskrankheit, dem zweitgrößten Pharma-Einzelmarkt nach Herz-Kreislauf-Pharmapräparaten.

Die Zellular Medizin bietet derzeit die einzige Möglichkeit der ursächlichen Vorbeugung und Behandlung der Krebskrankheit. Vitamin C und andere Antioxidantien schützen die Zellen vor Krebsentstehung. Die Aminosäure Lysin schützt das umliegende Bindegewebe und wirkt somit der Krebsausbreitung entgegen.

Kommen die Codex-Pläne durch, wird die Volkskrankheit Krebs auch weiterhin ein Todesurteil für Millionen Menschen sein.

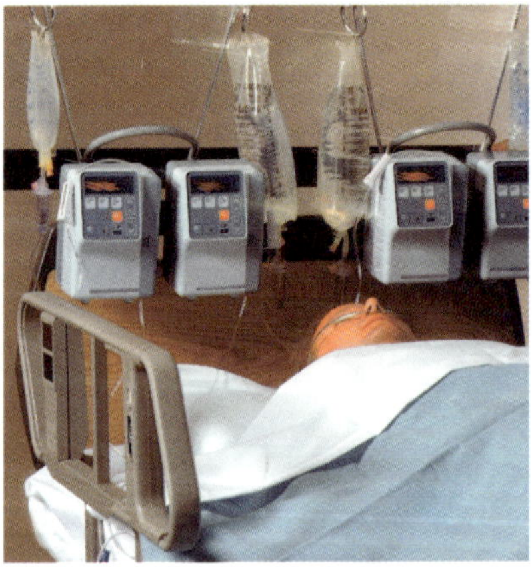

Der zweitgrößte Pharma-Markt überhaupt ist die „Behandlung" von Krebs durch Chemotherapie und andere nachweislich nutzlose Pharma-Präparate.

Ziel der „Codex Alimentarius“-Pläne: Zensur lebenswichtiger Gesundheits-Informationen in Dr. Raths Buch – z.B. Krebs

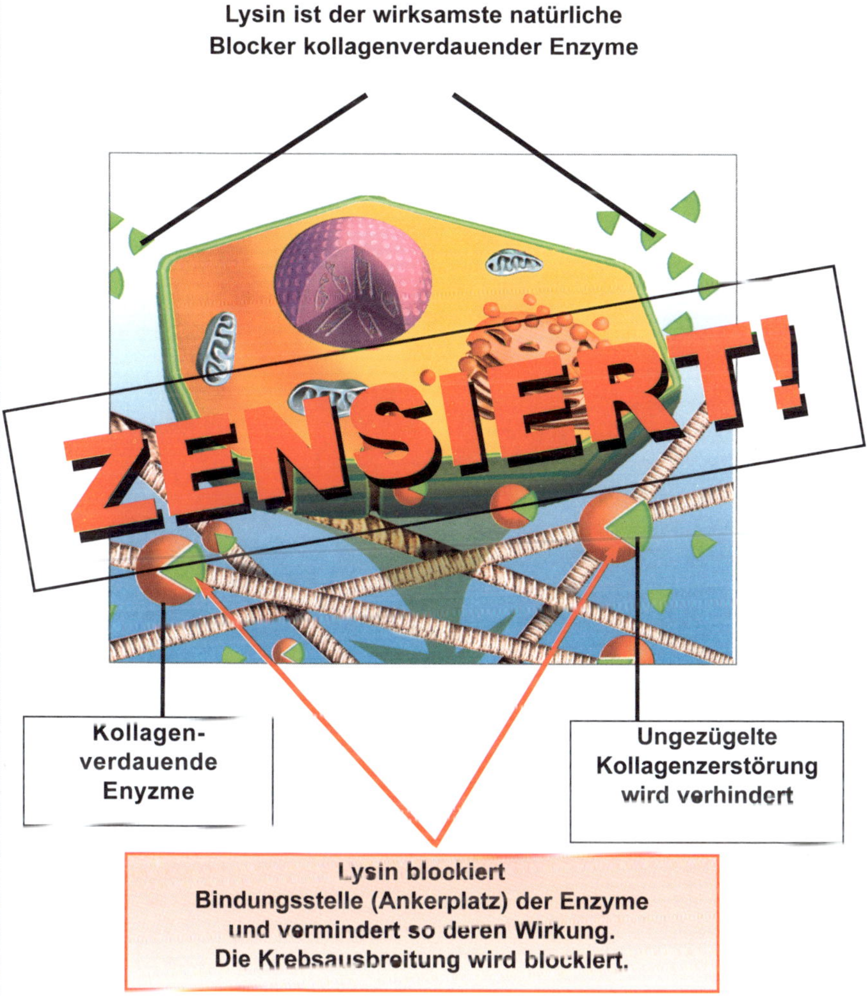

18. Pharma-Republik Deutschland – Die gekaufte Republik

Seit Beginn des 20. Jahrhunderts hat die Pharma-Industrie die Geschichte Deutschlands mitgeschrieben wie kein anderer Industriezweig. Es gab kaum einen Kanzler, der nicht unmittelbares Ziehkind des deutschen Pharma-Kartells war.

Die IG Farben war der größte Einzelsponsor, der Hitlers Machtergreifung begünstigte. Das Nürnberger Kriegsverbrecher-Tribunal kam 1946 zu dem Schluß, daß der 2. Weltkrieg ohne diesen Konzern nicht möglich gewesen wäre und zerschlug die IG Farben in ihre heutigen Töchter BASF, Bayer und Hoechst.

Auch nach dem 2. Weltkrieg baute die Chemie-/Pharma-Industrie systematisch Politiker für höchste Staatsämter auf. So war die BASF der erste Arbeitgeber von Helmut Kohl, und von 1959 - 1969 arbeitete dieser sogar hauptamtlich als Lobbyist für diese Industrie. 25 Jahre als CDU-Vorsitzender und 16 Jahre als Bundeskanzler diente Helmut Kohl seinen Förderern.

Es überrascht daher nicht, daß die Pharma-Industrie in Deutschland ihre eigenen Gesetze diktieren konnte. Nur so sind die Pharma-Protektionsgesetze zu erklären, die z.B. 500 mg Vitamin C in Tablettenform willkürlich als verschreibungspflichtiges Medikament definieren, wo hingegen Ihr Hund jeden Tag das 30-fache an Vitamin C selbst produziert.

Kohls wichtigster Auftrag war es, durch „Codex Alimentarius" die Weltmärkte des Pharma-Kartells zu zementieren. Deshalb mußte er auch 1998 – für die heiße Phase der Codex-Auseinandersetzungen – nochmals als Kanzler kandidieren. Doch er wurde abgewählt.

Ohne Skrupel übernahm die Regierung Schröder die politische Schirmherrschaft der Codex Treffen und unterstützt diese unethischen Pläne bis heute.

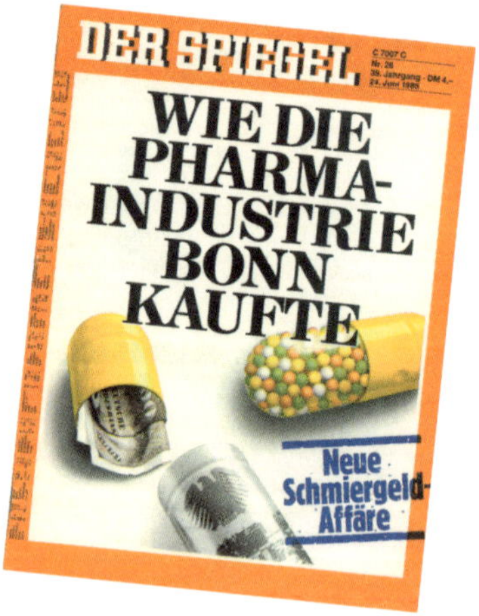

Spiegel-Titel vom 24. Juni 1985:
Seit dieser Zeit hätten es alle wissen können: Das Pharma-Kartell hatte über Ex-Kanzler Kohl mit Millionen-Schmiergeldern die deutsche Regierung für sein „verwerfliches Geschäft mit der Krankheit" gekauft.

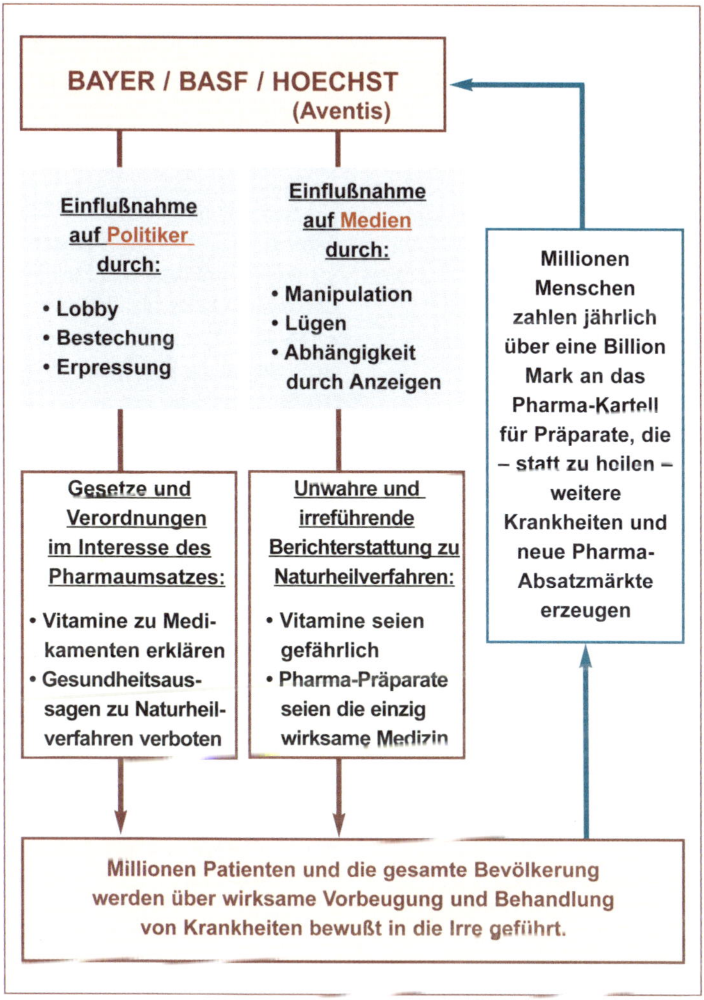

Durch seinen Einfluß auf Politiker und Medien sichert sich das Pharma-Kartell seine Machtstellung und schafft die Voraussetzung für die weitere Expansion des „verwerflichen Geschäfts mit der Krankheit".

19. Pharma-Republik Deutschland : Weder Parlament noch Bevölkerung haben von Codex-Plänen gewußt

Viele Menschen in Deutschland und weltweit haben sich in den vergangenen Monaten gefragt, warum Helmut Kohl die Namen der Geldgeber seiner Schmiergeldkonten nicht preisgibt und dabei sogar die Existenz seiner Partei gefährdet.

Die Antwort auf diese Frage finden Sie in diesem Buch:

1. Die Millionen Schmiergelder an Helmut Kohl wurden von der Pharma-Industrie gezahlt. Deshalb verwundert es auch nicht, daß die entscheidenden Handlanger entweder aus Rheinland-Pfalz (Hauptsitz von BASF) oder Hessen (Hauptsitz von Hoechst) kommen.

2. Die entscheidende politische Gegenleistung für die gezahlten Schmiergeld-Millionen ist das Durchboxen der „Codex Alimentarius"-Pläne und damit die Absicherung der Pharma-Weltmärkte.

3. Die bevorstehende Schlußphase der „Codex Alimentarius"-Bestrebung ist auch der Grund, warum Helmut Kohl schweigt. Er darf nicht reden, um die Codex Pläne seiner Auftraggeber aus der Pharma-Industrie nicht zu gefährden.

Die Auseinandersetzung um Codex Alimentarius ist ein Lehrbeispiel in Sachen Demokratie und Politikverständnis in Deutschland. Bis vor kurzem wußte kein Mensch in Deutschland, noch nicht einmal die Bundestagsabgeordneten, Bescheid, was sich hinter Codex Alimentarius verbirgt. Dr. Rath erhielt zahlreiche Zuschriften von besorgten Bürgern, die sich an ihre Abgeordneten mit der Frage nach „Codex Alimentarius" gewandt hatten. Die Antworten waren in der Regel erschütternd: „Keine Ahnung!"

Während die Bevölkerung und das Parlament mit der Diskussion z. B. um Ladenöffnungszeiten abgelenkt werden, werden die politischen Entscheidungen, bei denen es um Multi-Milliarden-Märkte geht, zwischen den Drahtziehern, dem Pharma-Kartell und den politischen Handlangern im Bundeskanzleramt heimlich gefällt.

Parlament und Bevölkerung werden zu Marionetten degradiert, und Millionen Menschen bezahlen diese Machenschaften mit ihrer Gesundheit und ihrem Leben.

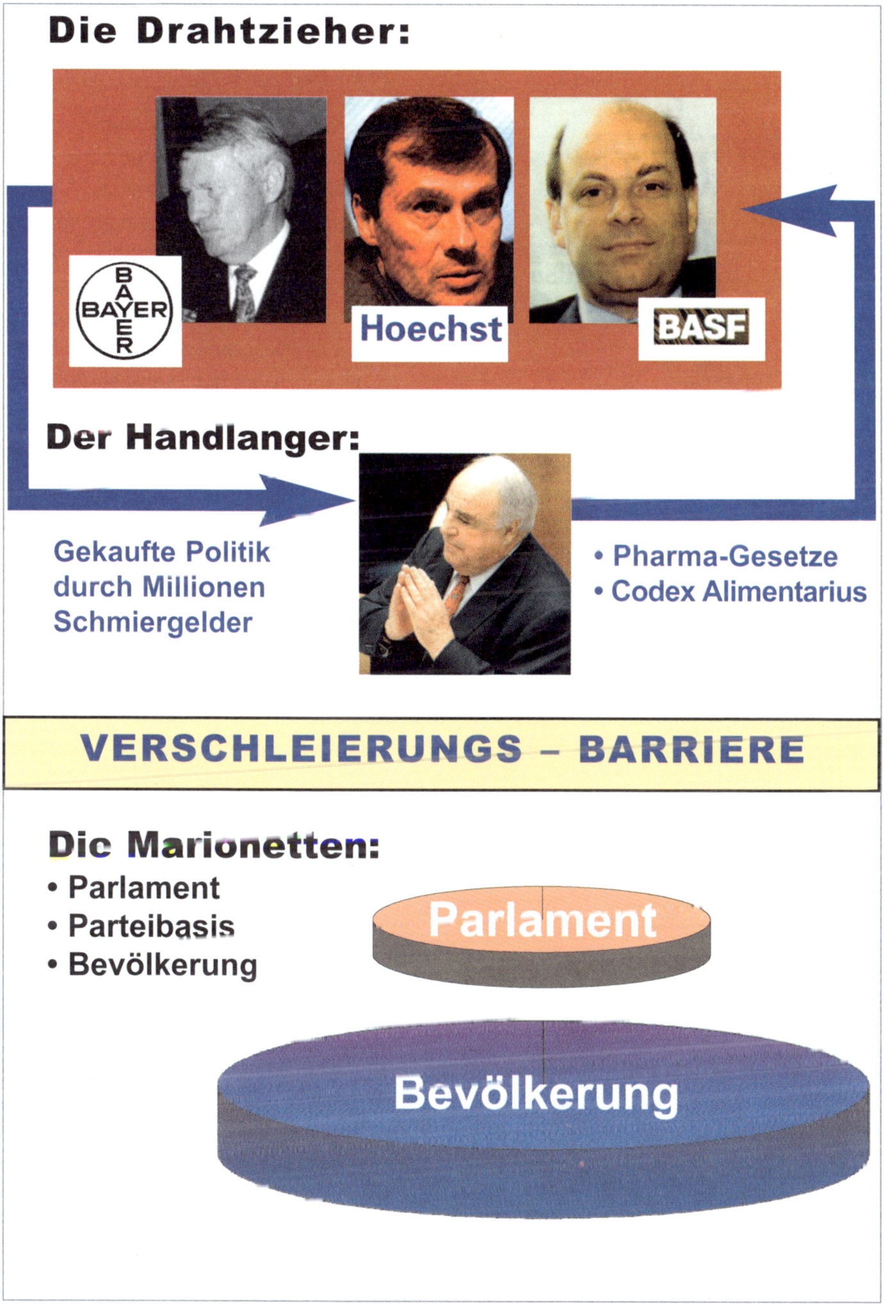
Die Drahtzieher:
BAYER
Hoechst
BASF
Der Handlanger:
Gekaufte Politik
durch Millionen
Schmiergelder
• Pharma-Gesetze
• Codex Alimentarius
VERSCHLEIERUNGS – BARRIERE
Dic Marionetten:
• Parlament
• Parteibasis
• Bevölkerung
Parlament
Bevölkerung

20. Pharma-Republik Deutschland: Die Geschichte wiederholt sich – Wannsee-Konferenz –

Schon einmal in der Geschichte Deutschlands gab es eine Konferenz, deren Ergebnisse unmittelbar den Tod von Millionen Menschen zur Folge hatten.

Am 20. Januar 1942 fand eine Geheim-Konferenz in Berlin-Wannsee statt – keine 20 Kilometer Luftlinie vom Konferenzort der geheimen Codex-Alimentarius-Konferenz entfernt, die am 19. Juni 2000 beginnt.

Auch wenn wir heute kein totalitäres Regime haben, die skrupellosen Finanzinteressen im Hintergrund sind dieselben geblieben. Die Parallelen lassen einem den Atem stocken:

- Damals wie heute stehen Gesundheit und Leben von Millionen Menschen auf dem Spiel. Damals waren es 6 Millionen Juden, deren Tod mit den Beschlüssen der Wannsee-Konferenz besiegelt wurde. Auch die geplante Codex-Konferenz im Juni diesen Jahres hat – falls sich das Pharma-Kartell mit seinen menschenverachtenden Plänen durchsetzt – den vermeidbaren Tod von Millionen Menschen zur Folge.

  Es gibt jedoch einen bedeutenden Unterschied: Die vorhersehbare Zahl der Opfer wird heute um ein Hundertfaches größer sein als damals. In der nächsten Generation werden allein an vermeidbaren Herzinfarkten und Schlaganfällen über eine halbe Milliarde Menschen sterben, mehr als in allen Kriegen der Menschheitsgeschichte zusammen.

- Auch die zweite Parallele ist erschütternd. Die Finanziers der Nazis, die damit letztendlich auch für die Wannsee-Konferenz verantwortlich gewesen sind, waren die deutschen Pharma- und Chemiekonzerne BASF, Hoechst und Bayer. Heute sind es dieselben Firmen, die als Rädelsführer für Codex Alimentarius verantwortlich zeichnen.

Damals wie heute begingen BASF, Bayer und Hoechst Verbrechen gegen das Menschenrecht. Im Nürnberger Kriegsverbrecher-Tribunal wurden deshalb auch führende Manager dieser Konzerne wegen Völkermord, Versklavung und anderer Verbrechen verurteilt. Doch bereits nach fünf Jahren waren sie wieder auf freiem Fuß.

Bei den Verbrechen, die im Namen der Pharma-Industrie derzeit begangen werden, werden die Verantwortlichen nicht so glimpflich davonkommen. Sie werden sich – früher oder später – vor einem internationalen Tribunal verantworten müssen.

Die Villa in Berlin-Wannsee, in der am 20.1.1942 die „Wannsee-Konferenz" stattfand.

Für die geplante Ausrottung der Juden wurde der heimtückische Tarnbegriff „Endlösung" ausgewählt – ein Wort, das bis auf zwei Buchstaben wie „Erlösung" klingt.

Die Verantwortlichen der Wannsee-Konferenz:
Heydrich (links) und Eichmann

Das Gebäude in Berlin-Marienfelde, in dem die „Codex Alimentarius"-Konferenz vom 19.-23. Juni 2000 stattfinden wird.

Die Adressen der Verantwortlichen finden Sie im Anhang.

21. Pharma-Republik Deutschland: Von „Arbeit macht frei“ bis zu „Codex Alimentarius“

Diese beiden Seiten fassen zusammen, wie eng „Codex Alimentarius“ mit den größten Verbrechen der Menschheitsgeschichte verbunden sind.

Daß BASF, Bayer und Hoechst die Hauptverantwortlichen für Hitlers Machtergreifung und die Hauptnutznießer seiner Eroberungsfeldzüge waren, wurde bereits ausgeführt. Doch damit nicht genug. Diese drei Firmen waren die hundertprozentigen Anteilseigner der IG Auschwitz, dem größten Industriekomplex außerhalb der damaligen deutschen Reichsgrenzen. Das KZ Auschwitz war nichts anderes als ein Zwangsarbeitslager für diesen Konzern.

Im Nürnberger Kriegsverbrecher-Tribunal verurteilt, waren diese Konzerne nur 15 Jahre später – bei der Gründung der Codex Alimentarius-Kommission 1962– bereits wieder die Architekten der nächsten Menschrechtsverbrechen.

Diese ungeheuerliche Phase der deutschen Geschichte ist unzertrennlich verbunden mit der Person Fritz ter Meer:

- Er war Vorstandsmitglied der IG Farben von der Gründung bis zur Zerschlagung, Wehrwirtschaftsführer, und verantwortlich für die IG Auschwitz
- Im Nürnberger Tribunal sagte ter Meer aus: „Den Häftlingen ist durch die Zwangsarbeit kein besonderes Leid zugefügt worden, da man sie ohnedies getötet hätte.“
- 1948 wurde ter Meer im Nürnberger Tribunal wegen Plünderung und Versklavung zu 7 Jahren Haft verurteilt.
- 1952 wurde er auf Druck einflußreicher Freunde vorzeitig entlassen.
- 1956 -1964 war er bereits wieder Aufsichtsratvorsitzender der Bayer AG.
- 1962 war ter Meer einer der Architekten der Codex Alimentarius Kommission und damit einer der Hauptorganisatoren des nächsten programmierten Massensterbens im Interesse des Profits.

Jetzt wird auch deutlich, daß die betrügerische Wortschöpfung „Codex Alimentarius“ kein Zufall ist. Sie wurde von denselben Firmen, ja sogar von denselben Personen kreiert, die den Häftlingen des Konzentrationslagers Auschwitz versprochen hatten: „Arbeit macht frei“.

Solange der Nazi-Sumpf bis heute nachwirkt und damit Gesundheit und Leben von zig-Millionen Menschen gefährdet, solange hat kein deutscher Politiker das Recht zu sagen, die Zeiten von damals seien vorbei.

Oder wie erklären Sie als Deutscher den Menschen anderer Länder, daß es derselbe Kriegsverbrecher, ter Meer, war, der für die Tarnbegriffe „Arbeit macht frei“ und „Codex Alimentarius“ Pate stand? Und welche Erklärung werden sich Kanzler Schröder und seine Bundesregierung dazu einfallen lassen?

Der Pharma-Manager Ter Meer war Taufpate der beiden menschenverachtendsten Lügen der Geschichte:

- **„Arbeit macht frei“, das zynische Motto, das der Chef der IG Auschwitz 1942 über dem Tor des Konzentrationslagers Auschwitz anbringen ließ.**
- **„Codex Alimentarius“, der zynische Tarnbegriff, hinter dem der BAYER Chef 1962 zum Architekten des globalen „Geschäfts mit der Krankheit“ wurde, das seither hunderten Millionen Menschen das Leben gekostet hat.**

Fritz ter Meer 1947 in Nürnberg als verurteilter Kriegsverbrecher

Oben:
Eingang des KZ Auschwitz, des Zwangsarbeitslagers der IG Auschwitz

Links:
IG Auschwitz 1944: Hundertprozentige Tochter von Bayer, BASF und Hoechst

22. Die Geschichte wiederholt sich:
16. Jahrhundert Befreiung vom Analphabetentum
21. Jahrhundert Befreiung von Volkskrankheiten

Doch die deutsche Geschichte wiederholt sich nicht nur mit ihren Schattenseiten. Vor 500 Jahren ging von Deutschland ein positiver Impuls aus, der bis heute die ganze Welt beeinflußt – die Befreiung der Menschheit vom Analphabetentum.

Vor 500 Jahren lebten die Menschen Europas buchstäblich in geistiger Umnachtung. 80% der damals lebenden Menschen konnten weder lesen noch schreiben. Die Amtssprache war Latein, und schon deswegen war es der breiten Bevölkerung gar nicht möglich, an Entscheidungsprozessen teilzunehmen.

Von Seiten der weltlichen und geistlichen Herrscher war diese geistige Umnachtung in den Köpfen der Bevölkerung durchaus gewollt. Sie war geradezu Voraussetzung für eine ungezügelte und skrupellose Bereicherung auf Kosten der Bevölkerung. Während auf diese Weise Millionen Menschen zu Hunger, Krankheit und frühem Tod verurteilt waren, wurden sie durch die Machthaber auf das Paradies im Jenseits vertröstet.

Die Sache hatte nur einen Haken: Man brauchte den „Schlüssel zum Himmel", den geflissentliche Ablaßhändler landauf landab feilboten. Die Menschen wußten nicht mehr, ob sie mit ihrem letzten Groschen ihre Kinder ernähren oder ihr eigenes Seelenheil erkaufen sollten.

Es war die Perfektionierung dieses Ablaßhandels, der das Faß zum Überlaufen brachte und ein jahrhundertealtes Weltgebilde zum Einsturz brachte. Nur weil die Verhältnisse selbst so marode waren, konnte überhaupt eine weltgeschichtliche Umwälzung in Gang gesetzt werden, die bis heute nachwirkt.

Die Übersetzung der lateinischen Bibel ins Deutsche und andere Umgangssprachen ermöglichte erst Millionen Menschen in ganz Europa, Lesen und Schreiben zu lernen. Sie waren nicht länger bereit, sich von ihrer eigenen

Dr. Raths Vortrag über diese historische Parallele

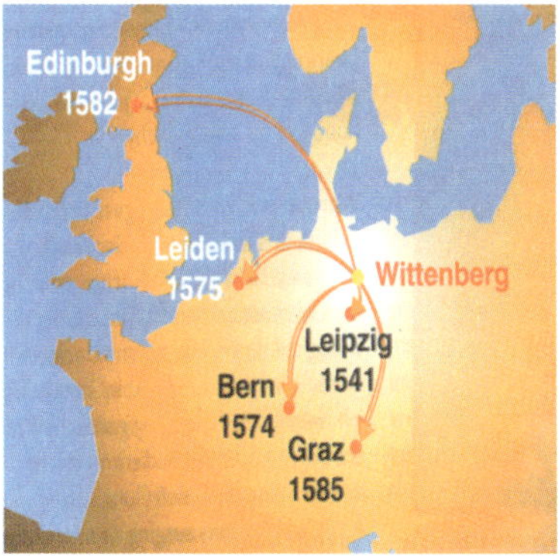

Universitätsgründungen in Europa im 16. Jahrhundert: Im Laufe von nur hundert Jahren sank die Analphabetenrate von 80 auf 20 %

Obrigkeit entmündigen zu lassen und nahmen sich das Recht, am Leben teilzuhaben.

Das Mittelalter war zu Ende und die Neuzeit konnte beginnen. Handwerk, Handel, Wirtschaft, Wissenschaft und Kultur begannen in ganz Europa im Laufe des 16. Jahrhunderts zu blühen. Das Zeitalter der geistigen Befreiung war angebrochen.

Heute können in den Industrieländern fast alle Menschen Lesen und Schreiben. Doch in bezug auf die Funktionen unseres Körpers und das Wissen über Gesundheit und Krankheit leben Millionen Menschen heute in einer Unwissenheit, die dem dunklen Mittelalter in nichts nachsteht.

Auch heute ist diese Umnachtung von den Menschen selbst nicht gewollt. Sie ist Ergebnis systematischen Vorenthaltens von wissenschaftlichen Fakten und gezielter Desinformation. Die Arztbriefe sind fast vollständig in Latein verfaßt, und man braucht einen Dolmetscher, einen Arzt, um die Informationen über seinen eigenen Körper und seine eigene Gesundheit überhaupt zu verstehen.

Ebenso wie sich vor 500 Jahren Millionen Menschen das Recht nahmen, Lesen und Schreiben zu lernen, ebenso nehmen sich heute immer mehr Menschen das Recht, die Funktionen ihres Körpers und die Prinzipien von Krankheit und Gesundheit zu verstehen.

Dr. Raths Entdeckung, daß die Hauptursachen von Volkskrankheiten wie Bluthochdruck, Herzschwäche, Diabetes und Krebs die Folge von Vitaminmangel und damit verhinderbar sind, schuf ein neues medizinisches Weltbild.

Ebenso wie damals die Fähigkeit des Lesens und Schreibens, so lassen sich auch heute die Erkenntnisse der Zellular Medizin nicht mehr zurückdrehen. Millionen Menschen lassen sich die einmal gewonnenen lebensrettenden Erkenntnisse weder nehmen noch verbieten.

Dies ist der Hauptgrund, warum alle Versuche des Pharma-Kartells scheitern müssen, die medizinische Wahrheit mit Gesetzesgewalt weltweit unterdrücken zu wollen.

Eines ist jedoch auch sicher: Die Wahrheit kann sich nur mit Ihrer Hilfe durchsetzen. Machen Sie mit.

Jetzt entscheiden Sie!

TEIL 2

Codex Alimentarius

Widerstand aus unserem Netzwerk

und weltweit

23. 1994 Gesetz zur Vitaminfreiheit in den USA

Den ersten großen Erfolg gegen das Pharma-Kartell erzielten 1994 Millionen Amerikaner in der Auseinandersetzung um das Gesetz zur Vitaminfreiheit (Dietary Supplement Health and Education Act).

Dies war gleichzeitig die bis dahin größte Niederlage des Pharma-Kartells und beseitigte den Ruf der Pharmaindustrie als übermächtig. In der Auseinandersetzung um den Erhalt der Vitaminfreiheit hatten die Gesundheitsinteressen der US-Bevölkerung den vermeintlich übermächtigen Pharma-Gegner schachmatt gesetzt.

Was war passiert? Wie bereits oben beschrieben, versuchte das Pharma-Kartell Dr. Raths Entdeckungen damit zu bekämpfen, daß es Vitamine und andere Nahrungsergänzungsstoffe zu verschreibungspflichtigen Substanzen machen wollte.

Es war klar, daß über hundert Millionen Amerikaner, die seit Jahrzehnten freien Zugriff auf Vitamine hatten, diesen Angriff auf die Vitaminfreiheit nicht verstehen würden. Wie so oft, wenn die Wahrheit mit hohler Macht unterdrückt werden soll, ging auch in diesem Fall der Schuß nach hinten los. Millionen Amerikaner waren weder an „Verbraucherschutz“ vor Vitaminen noch an einer „internationalen Harmonisierung“ zurück ins Mittelalter interessiert.

In Bürgerinitiativen, mit Leserbriefen an Zeitungen und vor allem durch Briefe und Faxe an Abgeordnete machten sie klar, daß Vitamine in den USA auch in Zukunft frei und uneingeschränkt verfügbar sein werden.

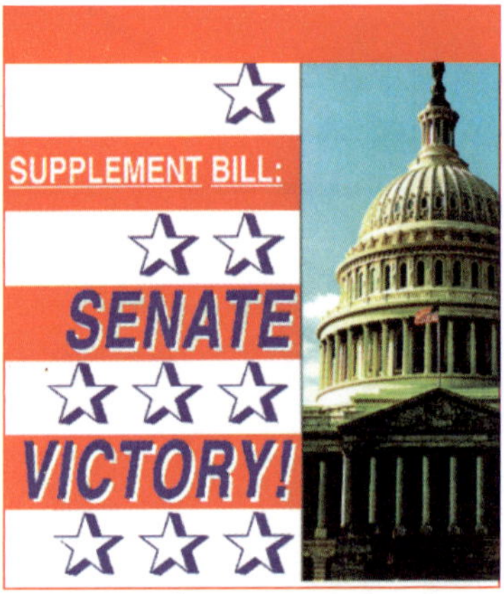

Das „Gesetz zur Vitaminfreiheit“ 1994 in den USA wurde zur größten Niederlage des Pharma-Kartells in seiner Geschichte

Menschen allen Alters, jeder Hautfarbe, Einkommensschicht und politischer Überzeugung taten sich zusammen und stellten klar, daß keine Behörde der Welt das Recht hat, den Anspruch von Millionen Menschen auf optimale Gesundheit einzuschränken. Die US-Zeitschrift „Newsweek“ sprach zu Recht von der größten Bürgerbewegung seit dem Vietnamkrieg.

Stoppt Codex Alimentarius

Die Erfahrungen aus den USA können jetzt auch in Deutschland und anderen Ländern helfen, die Vitaminfreiheit endlich gesetzlich zu verankern:

Zunächst brachten einige US-Abgeordnete eine Gesetzesvorlage in den US-Kongreß ein, zum Stopp der unsinnigen Pläne des Bundesgesundheitsamts und zum Erhalt der Vitaminfreiheit. Dann besuchten Bürgerinitiativen buchstäblich Wahlkreis für Wahlkreis der noch unentschlossenen Abgeordneten und legten ihnen Dr. Raths Buch und andere Studien zur Gesundheitsbedeutung von Vitaminen auf den Tisch.

Auf diese Weise trug Dr. Raths wissenschaftlicher Durchbruch, der diesen Amoklauf des Pharma-Kartells ausgelöst hatte, gleichzeitig zu dessen erfolgreicher Abwehr bei. Die Abgeordneten ließen sich überzeugen. Im August 1994 verabschiedete dann der US-Kongreß in beiden Häusern des Kongresses einstimmig das Gesetz zur Vitaminfreiheit.

Inzwischen ist auch klar, daß die Menschen Amerikas gegen eine Übermacht von ökonomischen Interessen einen der bedeutendsten Siege in ihrer Geschichte errungen haben – den Erhalt der Vitaminfreiheit. Der Erfolg für die Vitaminfreiheit 1994 in den USA hat Ausstrahlung für Europa, ja die ganze Welt. Jetzt ist es höchste Zeit, auch in Deutschland und anderen europäischen Ländern die Gesetzesreform zur Vitaminfreiheit durchzuführen, damit Millionen Menschen in Europa diese lebenswichtigen Natursubstanzen endlich uneingeschränkt nützen können.

Kernpunkte des Dietary Supplement Health and Education Act von 1994

- **Vitamine und Naturtherapien dürfen weiter frei und ohne Rezept verkauft werden**
- **Wahrheitsgemäße Gesundheitsaussagen zu Vitaminen und Naturtherapien dürfen erstmals offen weitervermittelt werden**
- **Das US-Bundesgesundheitsamt FDA trägt die Beweislast, daß die gemachten Aussagen gegebenenfalls unzutreffend sind**

Darüber hinaus sollte jeder verantwortliche Politiker angesichts der davongaloppierenden Gesundheitskosten erkennen, daß es auch aus ökonomischen Gründen im Interesse jeder Volkswirtschaft liegt, den Durchbruch in der Vitaminforschung und Zellular Medizin aktiv zu unterstützen.

Auf den nächsten Seiten finden Sie weitere ermutigende Beispiele für den weltweit zunehmenden Widerstand gegen die unethischen Interessen des Pharma-Kartells.

APPELL ZUR VITAMIN-FREIHEIT

Der erste Schritt zum Sieg über den Herztod ist der Erhalt der Vitamin-Freiheit

Die pharmazeutische Industrie verdient weltweit jedes Jahr mehrere hundert Milliarden Mark am Verkauf von Herz-Kreislauf-Medikamenten. Der jetzt erzielte Durchbruch in der Vitaminforschung und der mögliche Sieg über den Herztod durch natürliche Vorbeugung und Therapie wird zu einem Zusammenbruch dieses Weltmarktes führen. Zum Schutz ihres Milliarden-Pharmamarktes hat die Pharmaindustrie ein weltweites Kartell gebildet, mit dem Ziel, die Verbreitung lebenswichtiger Gesundheitsinformation zu Vitaminen und natürlichen Heilmethoden zu verbieten.

Unter dem Codenamen „Codex Alimentarius" und unter der Schirmherrschaft der Bundesregierung und der UNO-Welthandelsorganisation versucht das Pharma Kartell, seine Interessen durchzusetzen. Das nächste entscheidende „Codex"-Treffen findet im Juni 2000 in Berlin statt. Trotz wachsenden Widerstands sind weiterhin folgende Gesetze geplant, die für alle UNO-Mitgliedsländer gelten sollen:

1. Die Verbreitung von Gesundheitsinformationen über Vitamine, Aminosäuren, Mineralien und andere Naturstoffe zur Vorbeugung und Behandlung von Krankheiten soll **weltweit verboten** werden.
2. Der Vertrieb von Vitaminen und anderen Naturstoffen, die die willkürlichen und viel zu niedrigen Richtwerte dieser „Codex"-Kommission überschreiten, soll **weltweit untersagt** werden.
3. Staaten, die diese Gesetzesvorlage nicht umsetzen und anwenden, sollen mit internationalen Wirtschaftssanktionen **bestraft** werden.

In dieser Situation müssen Millionen Menschen weltweit ihre Gesundheits- und Lebensinteressen schützen und sie gegen die finanziellen Interessen dieses Pharma-Kartells verteidigen. Die weltweite Sicherung des freien Zugangs zu Vitaminen und anderen Naturstoffen ist ein wichtiger Schritt auf dem Weg zum Sieg über den Herztod.

Wir fordern unsere eigene Regierung und die Regierungen aller anderen Länder auf:

- **den uneingeschränkten Zugang aller Menschen zu Vitaminen und anderen Nahrungsergänzungsstoffen gesetzlich sicherzustellen,**
- **die lebenswichtigen Informationen über die Gesundheitsbedeutung von Vitaminen und anderer Naturstoffe weiterzuverbreiten,**
- **den jetzt möglichen Sieg über den Herztod durch Förderung der Vitaminforschung und mit allen zur Verfügung stehenden Mitteln.**

20.000 MAL „NEIN" ZU CODEX-PLÄNEN

Name	Adresse	Unterschrift

Unterstützen Sie den „Aufruf zur Vitamin-Freiheit". Sprechen Sie über diese wichtigen Informationen mit Ihrer Familie, mit Freunden, Nachbarn und Kollegen. Stellen Sie diese wichtige Initiative an Ihrem Arbeitsplatz vor, in Ihrer Schule, Kirche und in Ihrem Verein. Schreiben Sie an Ihre Abgeordneten. Informieren Sie Ihre Krankenversicherung und andere Organisationen und Verbände, denen Sie angehören. Kopieren Sie diese Seite und sammeln Sie Unterschriften.

Senden Sie die unterschriebenen Listen bitte zurück an:
Dr. med. Matthias Rath, Postbus 405, NL-7600 AK Almelo, Holland.

Bis heute haben über 20.000 Menschen aus aller Welt diesen Aufruf unterstützt. Die Zahl wird ständig aktualisiert, um auch bei der nächsten Codex-Sitzung den weltweiten Widerstand gegen die Pharma-Kartell Pläne auszudrücken.

25. 1997: Widerstand gegen das Pharma-Kartell: Das Chemnitzer Programm

Diese Erklärung wurde nach einem Vortrag von Dr. med. Matthias Rath am 21. Juni 1997 in der Stadthalle Chemnitz mit grossem Beifall der 3700 Teilnehmer verabschiedet.

Dieses Programm war die erste öffentliche Kampfansage gegen die menschenverachtenden Pläne der Pharmaindustrie im Rahmen der „Codex Alimentarius" Kommission.

1. Wir, die Menschen der Erde, stellen fest, daß wir am Ende des 20. Jahrhunderts immer noch völlig unzureichende Kenntnisse über unseren Körper und die Ursachen von Gesundheit und Krankheit besitzen. Körperliche Entmündigung bringt bis heute Millionen Menschen in eine verhängnisvolle körperliche und finanzielle Abhängigkeit von Interessensgruppen, die am Fortbestand von Krankheiten verdienen, allen voran von der Pharmaindustrie.

2. Unternehmenszweck der Pharmaindustrie ist das „Geschäft mit der Krankheit" nicht die Verhinderung von Krankheiten oder deren Ausmerzung. Die Pharmaindustrie hat ein unmittelbares finanzielles Interesse am Fortbestand von Krankheiten als Voraussetzung für weiteres Wachstum ihres Pharmamarktes.

3. Das lukrativste Geschäft der Pharmaindustrie sind diejenigen Krankheiten, die am weitesten verbreitet sind. Die Pharmaindustrie selbst ist das Haupthindernis, weshalb weder bei der Herz-Kreislauf-Erkrankung noch bei Bluthochdruck, Herzschwäche, Krebs, Osteoporose noch bei anderen Volkskrankheiten ein medizinischer Durchbruch zu deren Kontrolle erzielt wurde.

4. Das Geschäft mit der Krankheit ist eines der profitabelsten Geschäfte überhaupt. Die Gewinne der Pharmaindustrie liegen um ein Mehrfaches über dem Durchschnitt anderer Industriewerte. Diese Gewinne der Pharmaindustrie sind der Hauptgrund für die explodierenden Gesundheitskosten. Die Volkswirtschaften nahezu aller Industriestaaten der Welt sind in den Würgegriff der Pharmaindustrie geraten.

5. Wir, die Menschen der Erde, sind dadurch doppelt geschädigt. Wir müssen direkt oder indirekt für die explodierenden Gesundheitskosten aufkommen. Gleichzeitig erhalten wir keinen Gegenwert für unser Geld in Form von Gesundheit und der Kontrolle von Volkskrankheiten.

6. Gegen den erklärten Widerstand der Pharmaindustrie gelang nun ein medizinischer Durchbruch, der zur Kontrolle der Herz-Kreislauf-Erkrankung führen wird. Herzinfarkt und Schlaganfall sind keine echten Krankheiten, sondern die Folge chronischer Vitaminmangelernährung - und deshalb verhinderbar.

7. Jetzt, wo die Menschheit die einzigartige Möglichkeit hat, sich für immer von der Geisel des Herztodes zu befreien, bilden die Pharmakonzerne ein weltweites Kartell, mit dem Ziel, dies zu verhindern. Dabei nehmen die Pharmakonzerne bewußt den Fortbestand der Herz-Kreislauf-Erkrankung und den vorzeitigen Tod von Millionen Menschen in Kauf.

8. Mit diesem Vorgehen leistet die Pharmaindustrie einen Offenbarungseid und zeigt der Weltöffentlichkeit ihre wahre Interessenslage. Wir, die Menschen der Erde, sind nicht länger bereit uns dem Joch dieser unethischen Interessen zu unterwerfen.

9. Wir erklären die Pharmaindustrie, deren Geschäftsbasis die Sicherung des Fortbestandes von Krankheiten ist, als unethisch und unvereinbar mit den fundamentalen Grundsätzen des Menschenrechtes. Wir fordern umgehende gesetzliche Maßnahmen, die dieser Industrie die Geschäftstätigkeit untersagen.

10. Die absichtliche Aufrechterhaltung von Krankheiten zur Förderung des Medikamentenabsatzes und die Verhinderung der Ausmerzung von Krankheiten haben den Tod von Millionen Menschen zur Folge. Wegen des Ausmaßes dieser Verbrechen müssen sie im Rahmen bestehender Gesetze mit der Höchststrafe geahndet werden. Weitergehende Gesetze müssen von den Staaten der Erde umgehend erlassen werden. Auf internationaler Ebene müssen diese Taten ab sofort als Menschenrechtsverbrechen verfolgt werden.

11. Bestehende Pharmafirmen müssen einer umgehenden Untersuchung unterzogen werden, inwieweit sie sich an der bewußten Aufrechterhaltung und der Verhinderung der Ausmerzung von Krankheiten bereicherten. Werden die Pharmafirmen dieser Verbrechen für schuldig befunden, wird ihr Vermögen zur Zahlung von Schadensersatzforderungen an die Betroffenen und das Gemeinwesen herangezogen.

12. Politiker und andere Mittäter, die sich der Beihilfe zu derartigen Verbrechen schuldig gemacht haben, werden dafür vor Gericht zur Rechenschaft gezogen.

13. Gesetze, die den freien Zugang und Einsatz von Vitaminen und anderen natürlichen Therapieformen behindern, werden aufgehoben.

14. Dieses Programm legt vor allem die Grundlagen für ein neues Gesundheitswesen. Als erste Maßnahme wird der Erhalt und die Verbesserung der Gesundheit zu einem unveräußerlichen Menschenrecht erklärt.

15. Oberstes Ziel eines neuen Gesundheitswesens ist die Vorbeugung von Krankheiten und deren Ausmerzung. Vitaminforschung und Zellular-Medizin bilden eine wesentliche wissenschaftliche Grundlage für wirksame, nebenwirkungsfreie und kostengünstige Gesundheitsmaßnahmen.

16. Wir, die Menschen der Welt, erklären, daß wir dieses neue Gesundheitswesen selbst aufbauen werden und daß wir selbst die Eckpfeiler dieses neuen Gesundheitswesens sind.

17. Die Grundlage dieses neuen Gesundheitswesens ist eine umfassende Information und Ausbildung der Bevölkerung zu Gesundheitsfragen. In jeder Stadt entstehen Informations- und Beratungszentren, über die interessierte Laien oder interessierte Angehörige von Gesundheitsberufen dieses neue Gesundheitswesen mitgestalten.

18. Die Ausbildung bestehender Gesundheitsberufe wird erweitert und neue Gesundheitsberufe werden geschaffen, mit dem Ziel, eine bevölkerungsnahe Basisversorgung zu gewährleisten.

19. Gesundheitsausbildung wird Pflichtfach in den Schulen. Die Weiterbildung der Bevölkerung in Gesundheitsfragen wird auf allen Ebenen gefördert.

20. Die medizinische Forschung und die Zulassung von Medikamenten werden einer umfassenden öffentlichen Kontrolle unterzogen.

Von dieser Versammlung fordern wir die Menschen Deutschlands, Europas, der ganzen Welt auf: Unterstützt dieses Programm und setzt es in Eurer Stadt und Eurem Land um. Tut es für die eigene Gesundheit und für die kommender Generationen.

Wählt ab jetzt nur noch solche Politiker, die hinter diesem Programm stehen und es helfen umzusetzen. Entzieht denjenigen Politikern das Vertrauen, die von der Pharmaindustrie gelenkt werden.

26. 1998: Schwarzer September des Pharma-Kartells: Berliner Tribunal

„Berliner Tribunal" 17. September 1998
Palais am Funkturm in Berlin
Dr. Rath klagt die Phamaindustrie und Helmut Kohl als deren Handlanger wegen Menschenrechtsverletzungen an.

Am Vorabend der Codex Alimentarius Tagung 1998 in Berlin klagte Dr. Matthias Rath in einem aufrüttelnden öffentlichen Tribunal die Verantwortlichen im Pharma-Kartell und ihre Helfer in Politik, Medien und Wissenschaft des fortgesetzten Massenmordes an Millionen Opfern vermeidbarer Herz-Kreislauf-Krankheiten an.

Mit diesem Paukenschlag wurden unüberhörbar die moralisch-rechtlichen Konsequenzen derjenigen Politiker aufgezeigt, die allein aus ökonomischen Interessen den längst möglichen Durchbruch in der Behandlung todbringender Volkskrankheiten jahrelang verhindert haben. Die Anklage wurde beim Internationalen Gerichtshof in Den Haag und bei weiteren Gerichten eingereicht.

Der Text dieses Tribunals wurde am 21. Oktober 1998, dem ersten Tag der letzten Codex-Tagung, allen Delegierten der Codex Alimentarius Kommission bei der Anreise am Tagungsort ausgehändigt. Allen Verantwortlichen und Beteiligten wurden dadurch die konkreten moralisch-rechtlichen Konsequenzen der verbrecherischen Codex-Pläne in aller Schärfe vor Augen geführt.

Es kann nicht angehen, sich noch auf Alibi-Diskussionen über absur-

Helmut Kohl legte seinen Wahlkampfauftritt in Berlin ebenfalls auf den 17. September 1998, um Dr. Rath die Stirn zu bieten.

de Mengenbegrenzungen von Vitaminen einzulassen, wenn weiterhin jeden Tag Amputationen stattfinden und Todesfälle eintreten, die durch konsequente Umsetzung des Forschungsdurchbruchs zu Vitaminen längst vermeidbar wären.

Vielmehr wurden im Berliner Tribunal die wahren Verhältnisse benannt: Diejenigen, die sich den Mantel von Recht und Gesetz umhängen, tragen in Wirklichkeit Mitverantwortung für millionenfaches Leiden und werden deshalb des Massenmordes und der Verbrechen gegen die Menschlichkeit angeklagt.

Das Tribunal ist seitdem im vollen Wortlaut über das Internet zugänglich und auch als Video und Broschüre erhältlich. Inzwischen sind die Anklagepunkte, die damals für viele noch nicht nachvollziehbar waren, zum großen Teil Allgemeingut geworden – **offizielle Ermittlungen gegen Ex-Kanzler Kohl, Ex-Innenminister Kanther und andere wurden aufgenommen.**

Tagungsort der „Codex"-Kommission, das „Bundesamt für gesundheitlichen Verbraucherschutz" (BgVV) in Berlin. Hinter Stacheldraht verschanzt sich das Pharma-Kartell vor der Bevölkerung. „Verbraucherschutz" wird in sein Gegenteil verkehrt.

1200 Plakatwände mit dem Titel „Stoppt das Pharma-Kartell – Gesundheit ist ein Menschenrecht" empfingen die „Codex"-Mitglieder in Berlin ebenso wie über 30.000 Teilnehmer des Berlin Marathons

Alle geschädigten Patienten und Betroffenen auf der ganzen Welt sind weiterhin aufgerufen, uns ihre Erfahrungen über Schädigungen durch Pharma-Medikamente mitzuteilen, damit die verantwortlichen Konzerne zur Rechenschaft gezogen werden können!

Auch die **Demonstration zum Erhalt der Vitaminfreiheit** unter dem Motto: **„Stoppt das Pharma-Kartell! – Gesundheit ist ein Menschenrecht!"** am 21. September 1998 vor dem Tagungsgebäude der Codex Alimentarius Kommission in

Stoppt Codex Alimentarius

Berlin hat sehr eindrücklich auf die internationalen Delegierten gewirkt, nachdem sie bereits am Morgen bei ihrer Anreise sehr interessiert die schriftlichen Informationen über das Berliner Tribunal aufgenommen hatten.

Besonders wachrüttelnd war ein Plakat „Stoppt das Pharma-Kartell!“ von 100 qm Größe, das täglich von zigtausenden Menschen gesehen wurde

Die Demonstration machte auch dem letzten klar, daß ein großer Unterschied besteht zwischen der Politik der offiziellen deutschen Codex-Delegation und den tatsächlichen Gesundheitsinteressen der deutschen Bevölkerung. Die Demonstranten hatten stellvertretend für alle Betroffenen und Opfer vermeidbarer Herz-Kreislauf-Krankheiten den absurden Plänen des Pharma-Kartells ein wirksames Signal entgegengestellt.

Der Aufbau und die Demonstration selber wurden von den Delegierten im und vor dem Tagungsgebäude aufmerksam verfolgt. Kommissionsmitglieder aus verschiedenen Ländern kamen heraus, betonten ihre Unabhängigkeit von Vorgaben der Regierungen oder Pharma-Konzerne und waren erstaunt, daß Dr. Rath nicht im Tagungssaal selber sprechen durfte. Ein Mitglied der neuseeländischen „Codex“-Delegation, der Heilprakktiker Oden, richtete ein Grußwort an die Teilnehmer der Demonstration und versicherte uns, daß viele Teilnehmer und Delegierte der Codex-Konferenz bereits ebenso empört über die Pläne der Pharmalobby seien (Mr. Odens Rede siehe Kasten).

Die Demonstration wurde von einem starken Sicherheitsaufgebot begleitet. Drei Mannschaftsbusse der Polizei wurden plaziert, um den sonst recht verschlafenen Diedersdorfer Weg am Südrand von Berlin abzusperren. Ein

Menschen aus Deutschland und anderen Ländern brachten vor dem „Codex“-Tagungsgebäude ihren Protest zum Ausdruck. Sie sprachen auch für 13.000 Menschen aus aller Welt, die schon damals den „Appell zur Vitaminfreiheit“ unterschrieben hatten.

Auszug aus Dr. Raths Rede vor dem „Codex"-Tagungsort am 21.9.1999

„Wir rufen den Delegierten der Codex Alimentarius Kommission zu:

1. Stellen Sie jede Planung sofort ein, die den freien Zugang der Menschen dieser Erde zu Vitaminen und anderen Naturtherapien einschränkt.
2. Stellen Sie jede Planung sofort ein, die die Verbreitung lebenswichtiger Gesundheitsinformationen an die Menschen dieser Erde behindert. Sie haben dazu kein moralisches, ethisches oder sonstiges Recht. Jede andere Entscheidung stellt ein Verbrechen gegen das Menschenrecht dar, für das Sie zur Verantwortung gezogen werden können.
3. Glauben Sie der deutschen Delegation kein Wort, sie vertritt nicht die Interessen der Menschen Deutschlands, sondern des Pharma-Kartells.
4. Lassen Sie sich durch den Begriff „Verbraucherschutz" und das Gebäude nicht täuschen. Die Menschen der Erde brauchen keinen Schutz vor natürlichen Vitaminen, sondern vor schädlichen Pharmapräparaten und vor den skrupellosen Interessen ihrer Hersteller.

Wenn Sie dies nicht tun, sind Sie mitverantwortlich, daß Hunderte von Millionen Menschen weiterhin an Herzinfarkt, Schlaganfall und anderen Krankheiten sterben, von denen feststeht, daß sie verhinderbar sind und ausgemerzt werden können."

Dr. Rath im Gespräch mit Herrn Oden, dem Neuseeländischen Mitglied der „Codex Alimentatrius“ Kommission vor dem BgVV.

Wegen seiner Position gegen die „Codex“-Pläne hatte die deutsche „Codex“-Leitung versucht, ihn von der Sitzung auszuschließen!

Auch dem letzten Zweifler muß die Rede von Herrn Oden – einem Insider der „Codex“-Kommission – zu denken geben.

Mr. Oden: „Leider spreche ich kein Deutsch, sondern nur Englisch. Doch ich bin aus dem gleichen Grunde hier wie Sie. Und wie ich schon erklärte, machen wir dort drinnen dasselbe, was Sie hier draußen tun. Sie haben meine volle Unterstützung! Vielen Dank.

Ich muß sagen, daß selbst unsere deutschen Kollegen – die praktischen Ärzte, die Internisten – sehr besorgt sind. Es entsteht hier der Eindruck, daß es nicht mit rechten Dingen zugeht und eine Unterdrückung der Freiheit selbst zu entscheiden von deutschem Boden aus vorangetrieben wird. Der falsche Eindruck, den wir von den Deutschen bekommen, ist empörend. Denn hier draußen ist eigentlich das deutsche Volk – dort drinnen sind nur eine Handvoll Bürokraten.

Also, ich werde wieder hineingehen und den Kampf dort drinnen fortsetzen – und ich freue mich über Ihren Kampf hier draußen.
Wir müssen Position beziehen.

Dort drinnen verhält sich die deutsche Delegation sehr heimtückisch – entschuldigen Sie, wenn ich das sage. Das bedeutet: Sie tun so, als wären sie nicht diejenigen, die diese Unterdrückung der Menschen weltweit vorantreiben – doch genauso ist es. Einmal sind sie [die Leiter der Codex-Konferenz bei der Abwicklung der Tagung] bei Tagesordnungspunkt 1 – das nächste, was Sie erfahen, ist, daß sie zu Punkt 5 gesprungen sind. Aber was war mit Punkt zwei – drei – vier? Alles schon vorbei.

Die Unterdrückung findet auf folgende Weise statt:
Die deutsche Delegation hat die Sitzungsleitung
[der Codex-Alimentarius-Konferenz]
und zwingt dem Rest der Welt ihren Willen auf.
Diese Leute müssen wir entlarven.
Aus diesem Grunde sind auch Sie heute hier.
Dazu applaudiere ich Ihnen! Vielen Dank!“

großer Plakatwagen und das 100 Quadratmeter große Transparent „Stoppt das Pharma-Kartell" setzten ein unübersehbares optisches Signal gegen die deutschen Codex-Pläne.

„Codex"-Mitglied Oden prangert die Heimtücke der deutschen „Codex"-Konferenzleitung „da drinnen" an.

Neben Demonstrations-Teilnehmern aus Berlin, Hamburg, Bonn und dem gesamten Bundesgebiet waren auch Mitarbeiter von Dr. Rath aus Almelo angereist, um der Forderung nach Vitaminfreiheit Nachdruck zu verleihen. Im Verlauf der Demonstration kam durch Erfahrungsberichte von Betroffenen die konkrete Gesundheitsbedeutung von Vitaminen zur Sprache – und dadurch auch die Gesundheitsbedrohung durch die Codex-Pläne des Pharma-Kartells.

Die hinter der Fensterfront des Gebäudes tagenden Delegierten wurden von Dr. Rath direkt angesprochen und aufgerufen, die unethischen Pläne der deutschen Delegation fallenzulassen.

Auch Dr. Aleksandra Niedzwiecki, die an den bahnbrechenden Forschungen zur Heilwirkung von Vitaminprogrammen beteiligt war, sprach zu den Delegierten und hob die Statistiken zu Nebenwirkungen und Todesfällen durch Pharma-Medikamente hervor. Diese Nebenwirkungen sind inzwischen die vierthäufigste Todesursache, während es keinen einzigen Fall im Zusammenhang mit Vitaminen gibt – und doch tagte dort eine ganz absurde Konferenz zum Schutz vor angeblichen Gefahren durch Vitamine!

Die direkte Auswirkung der Demonstration auf den Verlauf der Beratungen über Nahrungsergänzungsmittel zeigt uns, daß offener und nachdrücklicher Widerstand sich lohnt! Wie bei der abschließenden Pressekonferenz am Freitag bekannt wurde, kam es von Seiten der Delegationen aus **Japan**, **Australien**, **Holland**, aber auch aus **USA** und **Kanada** zum Teil zu massivem Widerstand gegen die vorliegende deutsche Richtlinie.

Eine Beschlußfassung im Sinne dieser Pharma-Kartell-Pläne war bei der Codex-Konferenz im Oktober 1998 nicht möglich. Auf Grund des Protestes zahlreicher Kommissions-Mitglieder wurde der geplante Gesundheits-Informations-Boykott zu Naturheilverfahren auf Stufe 4 (Beratungsstadium) des 8-stufigen Prozesses eingefroren.

September 1998:

Der zweite historische Erfolg unserer Bewegung gegen das Pharma-Kartell

Nach dem „Gesetz zur Vitaminfreiheit" 1994 in den USA brachte unser Widerstand in Berlin den zweiten großen Erfolg unserer Gesundheitsbewegung gegen die übermächtig erscheinende Pharmaindustrie.

Angesichts der ursprünglichen Pläne des Pharma-Kartells, den Vitamin-Boykott noch im Herbst 1998 der UNO-Vollversammlung zur Abstimmung vorzulegen, war das „Einfrieren" der Codex"-Pläne des Pharma-Kartells ein wichtiger Schritt.

Doch das Pharma-Kartell gab nicht auf. Noch bei der abschließenden Presse-Konferenz am 26. 9. 99 kündigte der Codex-Leiter Rolf Grossklaus trotzig an, man werde nun versuchen, mit Hilfe einer neuen „Codex"-Vorlage, die auf Ebene der Europäischen Union erarbeitet werde, dennoch die Ziele zu erreichen.

Seitdem arbeiten im Rahmen der EU hochbezahlte Beamte, die auch noch von unseren Steuergeldern finanziert werden, daran, das „Geschäft mit der Krankheit" den „Codex"-Delegierten im Juni 2000 doch noch zu verkaufen.

Berlin, September 1998 Impressionen des Widerstands gegen das „Geschäft mit der Krankheit“

Stoppt Codex Alimentarius

Nachfolgend sind einige Stimmen von Delegierten der „Codex"-Sitzung im Oktober 1998 dokumentiert.

Diese Dokumente zeigen eindrucksvoll, in welch absurder Weise hier eine Scheindiskussion geführt wird, wo doch alle wissen worum es wirklich geht: Den Machterhalt des Pharma-Kartells:

Großbritannien: „Das Vereinigte Königreich empfiehlt, ... keine ... Obergrenzen für Vitamine und Mineralstoffe festzulegen, sofern dies nicht aus Sicherheitsgründen erforderlich ist. Darüber hinaus ist es unangebracht, Obergrenzen festzulegen, die auf einem beliebigen Vielfachen des RDA [Recommended Daily Allowance – empfohlene täglich zulässige Menge] (oder eines diesem entsprechenden Wertes) für gesunde Personen beruhen.

Obwohl der Bericht [Vorschlag der deutschen Delegation, also der Pharma-Lobby] anerkennt, daß Patienten, die Lebensmittel für besondere medizinische Zwecke verwenden, ein Nährstoffdefizit aufweisen können, spiegelt sich dies nicht in den vorgeschlagenen Obergrenzen wieder. Außerdem kann bei einigen Patienten krankheitsbedingt ein erhöhter Nährstoffbedarf bestehen. Durch die aktuellen Vorschläge würde die weitere Herstellung vieler Produkte verhindert, insbesondere solcher Nahrungsmittel, die die Nährstoffergänzung erleichtern.

Die Forschung hat nachgewiesen (Baldwin C. und Elias M., Nutrient deficiencies during home enteral tube feeding), daß chronisch kranke Patienten, die Produkte für die Ernährung erhalten, bei denen die Nährstoffmengen über den im Bericht vorgeschlagenen liegen, weiterhin Nährstoffdefizite aufweisen, insbesondere in Bezug auf Vitamin C und D sowie Thiamin.

Die für die Verbraucher dieser Produkte vorgeschlagene Energieaufnahme von 2000 kcal/ Tag liegt wesentlich über der von vielen Patienten aufgenommenen Energie. Im Vereinigten Königreich nehmen etwa 40% aller Patienten lediglich 1500 kcal/Tag auf. Durch diese Überbewertung der Energieaufnahme würde sich die Nährstoffzufuhr für einen beträchtlichen Teil der Patienten weiter verringern."

Diese Stellungnahme aus England entlarvt sehr deutlich, daß die Pharmaindustrie versucht, die geringen Grenzwerte für Vitamine in der Nahrung für Magensondenpatienten auf einen überhöhten Kalorienwert zu beziehen, d. h., die Vitaminanteile noch weiter zu „strecken", um chronische Krankheiten aufrechtzuerhalten und den Medikamentenumsatz auf den Pflegestationen stabil zu erhalten. Ähnlich plädiert auch der ISDI: „Generell sollten Mindestmengen festgelegt werden. Die Angabe von Höchstmengen ist nur dann erforderlich, wenn ein potentielles Sicherheitsrisiko besteht (z. B. bei Vitamin A und D)."

Unter anderem vertraten folgende Länder bei der Sitzung 1998 die Position des Pharma-Kartells:

Norwegen: „Die von Deutschland vorgeschlagenen Werte sind durchweg höher als die in den Proposed Nordic Guidelines for Assessment and Regulation angegebenen Werte. Die Berechnung geht von einer Energieaufnahme von 2000 kcal/ Tag aus. Für viele Patienten mit erhöhtem Energiebedarf sind die für Vitamine und Mineralstoffe vorgeschlagenen Werte möglicherweise zu hoch. ...“

Dänemark: „Vitamin- und Mineralstoffsupplemente sollten einen Höchstwert für jeden enthaltenen Nährstoff von 100% der empfohlenen Tagesaufnahme oder der geschätzten sicheren und adäquaten täglichen Zufuhr in der Tagesdosis aufweisen.“ – Das heißt im Ergebnis: Nur 65 mg Vitamin C pro Tag wären erlaubt!

Ägypten: „Wir sind mit dem Vorentwurf für Vitamine und Mineralstoffe in Lebensmitteln für besondere medizinische Zwecke (CL 1997/11) einverstanden.“

Singapur: „Wir erklären uns mit den vorgeschlagenen Mengen an Vitaminen und Mineralstoffen in Lebensmitteln für besondere medizinische Zwecke einverstanden.“

Auf der abschließenden Pressekonferenz am 25. September 1998 und im „Codex“-Abschlußbericht vom Oktober 1998 spiegelte sich dann der wachsende Widerstand wieder, den die „Codex“-Mitglieder in Berlin ganz konkret gespürt hatten:

Die Delegation **Kanadas**, unterstützt von den **USA,** hat vehement gegen die weitere Erarbeitung der Richtlinie Stellung genommen, da diese den Handel mit Produkten behindere, die vielen Verbrauchern helfen, wie neue wissenschaftliche Ergebnisse belegen. Heutige Ernährung reiche für die Versorgung mit essentiellen Nährstoffen für einige Bevölkerungsgruppen oft nicht aus. Viele Verbraucher beanspruchen die Versorgung mit Vitaminen als ein Recht, so daß Produkte ohne Gesundheitsrisiko frei erhältlich sein sollten. Die Delegation betonte, daß, da die Einstellung der Verbraucher hierzu von Land zu Land sehr unterschiedlich sei, die Reglementierung von Nahrungsergänzungsmitteln den nationalen Behörden überlassen bleiben sollte.

Der Beobachter der EU teilte mit, daß zu Fragen der Nahrungsergänzungsmittel ein Papier von EU-Gremien erarbeitet worden sei, in dem die Probleme und Hintergründe neutral und objektiv analysiert seien. Das Komitee beschloß, daß vor der Fortführung der Beratungen auf der Grundlage dieses Papiers von **Kanada**, den **USA** und der **EU** ein Arbeitspapier erstellt werden soll.

Bitte beachten Sie, daß sich unter dem Druck des Pharma-Kartells in der Zwischenzeit die Positionen einzelner Länder geändert haben können.

27. Vorbereitung des Pharma-Kartells auf „Codex-2000" – Nationale Codex-Anpassungsgesetze

Nach dem Scheitern des Planes, bereits in Berlin 1998 die Vitaminverbote weltweit festzuschreiben, hatte sich das Pharma-Kartell wieder auf die alte Strategie nationaler Verbote verlegt. Uns erreichten in der Folgezeit Nachrichten über entsprechende Gesetzesvorhaben aus unterschiedlichsten Teilen der Erde, von Südamerika bis Skandinavien.

Der krasseste dieser Entwürfe war ein in England geplantes Gesetz unter dem Titel **MLX 249**. Plötzlich wurde eine Gesetzesvorlage mit Hochdruck vorangetrieben, die dazu dienen sollte, den Pharma-Markt in England vor wirksamen Naturheilmitteln zu schützen. Doch die unethischen Plane wurden öffentlich.

Unter dem Kürzel MLX 249 formulierte die Pharma-Lobby ein Gesetz zum Verbot von Gesundheitsaussagen zu Vitaminen. Es handelte sich um einen regelrechten „Maulkorbentwurf", der Gesundheitsaussagen zu Vitaminen und anderen Naturheilverfahren gesetzlich verbieten und sogar unter Strafe stellen sollte. Als Gesundheitsaussagen sollten bereits umgangssprachliche Beschreibungen von Vitaminen und Naturheilverfahren, wie zum Beispiel *„hilft bei ..."* oder *„kann helfen bei ..."*, eingestuft werden. Jegliche Erwähnung eines Zusammenhangs zwischen Naturheilmitteln und der Vorbeugung oder Heilung körperlicher Beschwerden sollte strikt verboten werden.

> **Die britische Zeitung „Daily Telegraph" schreibt am 11. April 1999 über MLX 249:**
>
> **„Das Gesetz ermöglicht es, daß fast alles als Medikament eingestuft werden kann, einschließlich Kaffee, Whiskey, ja selbst Wasser".**

Dies galt sogar für Schlaflosigkeit oder Verdauungsbeschwerden – so weit mußte man den Schutzgürtel ausdehnen, um die Information zur Heilwirkung von Vitaminen bei Arteriosklerose und Herzinfarkt zu blockieren!

Wer weiterhin natürliche Produkte zur Vorbeugung und Heilung von Krankheiten oder auch nur die Informationen dazu verbreitet, „... ist eines Verbrechens schuldig". Damit sollte jeder zum Straftäter gestempelt werden, der wahrheitsgemäße Aussagen zur heilenden Wirkung von Vitaminen weitergibt.

GOOD HEALTH do it yourself!

Editorial

Pharma-Cartel blocks medical breakthrough that saves millions of lives

Heart Attacks Are an Early Form of Scurvy

Censored!

INSIDE

Page 2

Page 3

Page 4

Why this newspaper?

2,5 Millionen Exemplare dieser Gesundheits-Zeitung klärten in London und Umgebung die Menschen über die unethischen Pläne des Pharma-Kartells auf.

Unter dem Titel „Good health – do it yourself!" (Gesundheit ist machbar!) verbreiteten wir im August eine vierseitige Gesundheitszeitung an fast alle Haushalte im Großraum London. Diese Zeitung legte das Gesetzesvorhaben des Pharma-Kartells offen, verdeutlichte den Zusammenhang mit den Forschungen von Dr. Rath und rief die Leser dazu auf, bei ihren Parlamentsabgeordneten die Ablehnung des MLX 249-Gesetzes zu verlangen.

Wie wichtig dieser offene und nachdrückliche Widerstand war, zeigte sich daran, daß noch in der Sommerpause des Parlaments diese Gesetzesvorlage zurückgenommen wurde!

Nie zuvor war ein geplantes Gesetz von solcher Bedeutung in so kurzer Zeit zurückgezogen worden – auf Druck der Öffentlichkeit.

Nie zuvor waren die Abgeordneten solch bohrenden Fragen ausgesetzt: Was vertreten Sie wirklich, die Gesundheitsinteressen der Bevölkerung oder die Aktionäre der Pharmaindustrie?

Unglaublich, aber wahr: Die Pharma-Industrie würde mit diesem Gesetz die Rechtshoheit erhalten, diese Vergehen selbst zu verfolgen und Bußgelder einzutreiben.

Die Parallele zu 1933 drängt sich auf. Auch damals wurde mit Hilfe eines „Ermächtigungsgesetzes" die Demokratie zum Vorteil einer radikalen Interessensgruppe ausgehebelt.

Briefe von Patienten, Therapeuten und sogar Mitgliedern des House of Lords, des britischen Oberhauses, haben uns gezeigt, daß der Druck auf die Abgeordneten und den Gesundheitsministern sein Ziel erreicht hat:

Die Britische Regierung mußte sogar die Sommerferien unterbrechen, um die MLX 249 Gesetzesvorlage zurücknehmen.

28. Die Lügenkampagne des Pharma-Kartells in den Medien

Angstmacherei mit angeblichen Nebenwirkungen

Immer mehr wissenschaftliche Forschungsergebnisse und klinische Studien bestätigen den Erfolg der Zellular Medizin. Im Internet finden sich inzwischen Hunderte von klinischen Studien, die die Gesundheitserfolge von Vitaminen und anderen Nahrungsergänzungsstoffen bei fast allen Volkskrankheiten dokumentieren. Zigtausende Menschen weltweit folgen inzwischen den von Dr. Rath entwickelten Vitaminprogrammen.

All dies vermindert natürlich die Chancen des Pharma-Kartells, seine unverantwortlichen „Codex"-Pläne doch noch als „Verbraucherschutz" an die Bevölkerung „verkaufen" zu können. Deshalb geht das Pharma-Kartell mit immer brutaleren Lügenkampagnen gegen die Erfolge der Vitaminforschung vor.

Dabei nutzen die Pharma-Konzerne direkte Abhängigkeiten ebenso aus, wie die Abhängigkeit der Massenmedien von der Pharma-Industrie als Großauftraggeber für Anzeigen.

Mit seinen unverfrorenen Lügenkampagnen über angebliche „Nebenwirkungen" von Vitaminen verfolgt das Pharma-Kartell mehrere Ziele:

- Die Verunsicherung von Patienten und Verbrauchern, die zurück in die Arme des Pharma-Kartells und zum „Geschäft mit der Krankheit" getrieben werden sollen.
- Die Ärzteschaft soll der Pharma-Medizin verpflichtet bleiben, da diese bereits in Scharen zur Zellular Medizin überlaufen. Der Grund dafür ist klar: Mit Hilfe der Zellular Medizin lassen sich Heilerfolge erzielen, die mit der Pharma-Medizin nicht möglich sind.
- Politiker, die selbst keine Experten sind, werden dadurch soweit irritiert, daß sie beeinflußbar bleiben und damit im Interesse des Pharma-Kartells weiterhin die Gesetze festschreiben.

Niemand hat die gezielte „Gehirnwäsche" der Bevölkerung im Interesse des Pharma-Kartells hautnaher erlebt als Dr. Rath. Seine wissenschaftlichen Entdeckungen und die Erfolge der Zellular Medizin bedrohen das „Pharma-Geschäft mit der Krankheit" seit mehr als einem Jahrzehnt.

Die folgenden Beispiele öffnen auch dem letzten Zweifler die Augen:

Stoppt Codex Alimentarius

1997: Dr. Raths Bestseller über die Vitamin-C-Herzinfarkt-Verbindung war in Deutschland zum Bestseller geworden.

Das Pharma-Kartell reagierte sofort und läßt über den *Spiegel* und andere Medien verbreiten, daß Bakterien als Ursache des Herzinfarkt gefunden seien. Dann stellte sich heraus, daß es dazu keinen einzigen Beweis gibt. Und heute – 4 Jahre später – liegt immer noch kein Beweis vor!

DER SPIEGEL 21.4.97

Herzinfarkt durch Bakterien

Antibiotika können helfen

Wissenschaft MEDIZIN

Der Feind ist gestellt

Spiegel-Titel vom 21. April 1997:
Im selben Heft bot *Hoechst* schon die Antibiotika an – ohne jeglichen Beweis!

1998: Die Erfolge der Zellular Medizin breiten Dr. Raths Gesundheitsnetzwerk rasch aus.

Das Pharma-Kartell reagierte, in dem es die Lüge verbreiten ließ, Vitamin C könnte Erbschäden und Krebs verursachen. Das Lügen-Kartenhaus brach mit einer Studie in der Zeitschrift der US-Wissenschaftsakademie zusammen, die genau das Gegenteil bewies: Vitamine C schützt die Erbsubstanz und beugt dem Krebs vor.

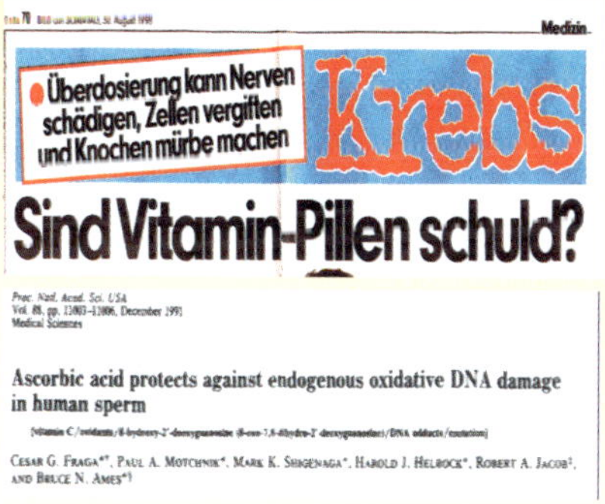
Medizin

Überdosierung kann Nerven schädigen, Zellen vergiften und Knochen mürbe machen

Krebs

Sind Vitamin-Pillen schuld?

Proc. Natl. Acad. Sci. USA
Medical Sciences

Ascorbic acid protects against endogenous oxidative DNA damage in human sperm

Cesar G. Fraga, Paul A. Motchnik, Mark K. Shigenaga, Harold J. Helbock, Robert A. Jacob, and Bruce N. Ames

Bild am Sonntag vom 30. August 1998:
Lügenkampagne des Pharma-Kartells einen Monat vor der „Codex"-Tagung im September 1998

2000: Rechtzeitig zur „Codex Alimentarius" Konferenz im Juni erscheint jetzt die nächste Pharma-Ente. Ein unbekannter Autor – kein Arzt – aus Los Angeles will herausgefunden haben, daß Vitamin C der Arterienverkalkung nicht vorbeugt – sondern diese angeblich fördert. Wenn dies so wäre, würde die ganze Vitamin-C-produzierende Tierwelt einer Herzinfarkt-Epidemie zum Opfer fallen. Das Gegenteil ist der Fall: Tiere kennen keinen Herzinfarkt – aber wir Menschen.

Bild

Zu viel Vitamin C ist gefährlich fürs Herz

Das belegt eine neue Studie von Wissenschaftlern der University of Southern … nern, die mindestens ein Jahr lang pro Tag 300 Milligramm Vitamin C … Männer, die das Vitamin C eingenommen hatten, verhärteten sich

Bild vom 4. März 2000:
Lügenkampagne des Pharma-Kartells 3 Monate vor „Codex"-2000":
Tausende bezahlen sie mit dem Leben!

Jetzt entscheiden Sie!

TEIL 3

Was <u>Sie</u> konkret tun können, um Codex Alimentarius zu verhindern

29. Widerstand gegen „Codex-2000" - Informationen -

Die Codex-Pläne des Pharma-Kartells werden unter Ausschluß der Öffentlichkeit vorangetrieben. Erste Aufgabe ist es darum, die Pharma-Lobbyisten aus ihrem Winkel herauszuziehen und Öffentlichkeit über diese Vorgänge herzustellen.

Folgende Möglichkeiten stehen Ihnen zur Informationsarbeit zur Verfügung:

- Bestellen Sie weitere kostenlose Exemplare dieser Broschüre, um sie im Bekannten- und Verwandtenkreis weiterzugeben.
- Dieser Broschüre sind Karten beigelegt. Bestellen Sie weitere kostenlose Karten, um eine Erstinformation weiterzugeben und auszulegen (Geschäfte, Gaststätten, Frisör etc.).
- Bestellen Sie Informations-Plakate! Erhältlich sind das Motiv „Codex-Sitzung" (hinten in dieser Broschüre abgedruckt) und das Motiv „Stoppt das Pharma-Kartell" (rechts). Diese Plakate können Sie zu Hause oder in der Öffentlichkeit aufhängen (Absprache mit Laden- oder Gaststättenbesitzern, Schwarze Bretter etc.).
- Nutzen Sie Ihre Kontakte zur örtlichen Presse oder anderen Medien. Geben Sie Informationen an die Redaktionen weiter, schreiben Sie Leserbriefe und fordern Sie weiteres Pressematerial zu Codex von uns an:

  Matthias Rath B.V.
  Abt. Öffentlichkeitsarbeit
  Postbus 405
  NL-7600 Almelo
  Fax: 0031-546-533 111

- Rufen Sie umfassende Informationen im Internet ab unter www.rath.nl

Stoppt Codex Alimentarius

Hunderte Plakatwände informieren in diesen Wochen in Berlin und anderen Großstädten die Bevölkerung

Fragen Sie nach unserem Poster zum Aufhängen

Besuchen Sie unsere Internetseite www.rath.nl

Widerstand gegen „Codex-2000“ -

Herrn/Frau
Delegierter der Codex Alimentarius Kommission,

Warnung:
Lebenswichtige Gesundheitsinformationen zu Vitaminen und anderen Naturheilverfahren dürfen nicht im Interesse des Pharma-Kartells verboten werden!

Sehr geehrte Delegierte des Komitees für Ernährung und diätetische Lebensmittel in der Codex Alimentarius Kommission,

ich wurde darüber informiert, daß die „Codex Alimentarius“ Kommission plant, Gesundheitsassagen zur Vorbeugung und Behandlung mit Hilfe von Vitaminen, Nahrungsergänzungsstoffen und anderen Naturheilverfahren verbieten zu lassen.
Von diesen Plänen bin ich in mehrfacher Hinsicht betroffen: Ich nutze die Nahrungsergänzung durch Vitamine für meine persönliche Gesundheitsvorsorge, ich möchte, daß auch meine Familienmitglieder, Freunde und Bekannte freien Zugang zu Vitaminen in gesundheitswirksamer Zusammensetzung haben, und ich möchte, daß allen Menschen in allen Ländern der Welt diese wirksame, kostengünstige und nebenwirkungsfreie Gesundheitsvorsorge und Therapie zur Verfügung steht!
Der Arzt und Wissenschaftler Dr. med. Matthias Rath hat in seinen Forschungen gezeigt, daß Herzinfarkt und Schlaganfall keine echten Krankheiten sind, sondern – ähnlich wie die Seefahrerkrankheit Skorbut – die direkte Folge von Vitaminmangel und damit verhinderbar. Auch für viele andere Volkskrankheiten wie Herzschwäche, Bluthochdruck und Osteoporose steht heute Vitaminmangel als Hauptursache fest. Die Antwort auf unnötiges Leiden und vorzeitigen Tod von Millionen Patienten sind in vielen Fällen Vitamine und andere Naturheilverfahren. Deshalb gehören die Internetseiten von Dr. Rath www.drrath.com auch weltweit zu den meistbesuchten Webseiten zum Thema Gesundheit .
Weil diese Natursubstanzen nicht-patentierbar, preiswert und für jedermann zugänglich sind, bedrohen die Erkenntnisse der Vitaminforschung einen mehrere hundert Milliarden US-Dollar jährlich umfassenden Markt an jetzt überflüssig gewordenen überteuerten und mit schwerwiegenden Nebenwirkungen behafteten Pharma-Präparaten. Nur aus diesem Grund versucht die Pharmalobby, die Zusammensetzung von Vitaminpräparaten künstlich gering zu halten und die Verbreitung von Gesundheitsinformationen zu Vitaminen zu blockieren!
Schon bei der letzten Sitzung Ihres Komitees hat Dr. Rath in einer Demonstration diese Hintergründe offengelegt und zum Stop dieser unverantwortlichen Pläne Ihrer Kommission aufgerufen.

Offener Brief an die Codex - Mitglieder

Als persönlich Betroffener und im Sinne der Gesundheitsinteressen vieler Millionen Menschen weltweit rufe ich Sie auf:

1. Stellen Sie jede Planung sofort ein, die den freien Zugang der Menschen dieser Erde zur Vitaminen und anderen Naturtherapien einschränkt.
2. Stellen Sie jede Planung sofort ein, die die Verbreitung lebenswichtiger Gesundheitsinformationen an die Menschen dieser Erde behindert. Sie haben dazu kein moralisches, ethisches oder sonstiges Recht. Jede andere Entscheidung stellt ein Verbrechen gegen das Menschenrecht dar, für das Sie zur Verantwortung gezogen werden können.
3. Glauben Sie der deutschen Delegation kein Wort, sie vertritt nicht die Interessen der Menschen Deutschlands, sondern von Bayer, BASF und anderer Pharma-Konzerne .
4. Lassen Sie sich nicht durch irreführende Begriffe wie „Verbraucherschutz" täuschen oder durch manipulierte Studien über angebliche „Nebenwirkungen" von Vitaminen. Die Menschheit braucht keinen Schutz vor natürlichen Vitaminen, sondern vor schädlichen Pharmapräparaten und vor dem „Geschäft mit der Krankheit".

Wenn Sie diese unethischen „Codex"-Pläne und die Unterdrückung lebenswichtiger Gesundheitsinformationen über Vitamine weiterhin unterstützen, sind Sie mitverantwortlich, daß Hunderte von Millionen Menschen weiterhin an Herzinfarkt, Schlaganfall und andere Krankheiten sterben, von denen feststeht, daß sie verhindert und ausgemerzt werden können."

Ich fordere Sie auf, Ihre Ablehnung der Pläne zur weltweiten Einschränkung der Vitaminfreiheit öffentlich zu bestätigen. Dazu finden Sie ein Antwortformular in der Anlage.

Falls es zur Einschränkung des Zugangs zu Vitaminen und Gesundheitsaussagen zu Vitaminen kommt, werden wir eine Klage gegen die verantwortlichen „Codex"-Delegierten bei den zuständigen Gerichtshöfen einreichen. Die Klageschrift ist bereits vorbereitet.

Der ehemalige deutsche Bundeskanzler Helmut Kohl, der weltweit hauptverantwortliche Politiker der „Codex"-Pläne des Pharma-Kartells, der bereits 1998 im „Berliner Tribunal" von Dr. Rath wegen Bestechlichkeit und Verbrechen gegen die Menschlichkeit angeklagt wurde, wird inzwischen offiziell wegen Untreue, Schmiergeldaffären und weiterer Strafdelikte zur Rechenschaft gezogen. Auch liegt gegen die Bundesrepublik Deutschland inzwischen eine Klage der Europäischen Kommission wegen der Einschränkung des freien Zugangs zu Vitaminen vor (Aktenzeichen Rs C 387/99).

Sollten Sie das einzig Richtige tun und sich von den unethischen Codex-Plänen des Pharma-Kartells lossagen, werden Ihnen Millionen Menschen weltweit danken, deren Gesundheitsinteressen Sie dadurch vertreten.

Falls Sie Rückfragen haben, weitere Informationen möchten oder Kontakt aufnehmen möchten, wenden Sie sich gerne auch per Email an info@rath.nl .

Zur „Good-Health-Conference" am 18. Juni 2000, dem Vorabend der Codex Alimentarius Konferenz in Berlin möchte ich Sie hiermit herzlich einladen. Das Programm dieser Veranstaltung sowie nähere Einzelheiten dazu finden Sie auch auf der Internetseite www.rath.nl.

Mit freundlichem Grüssen, Ihr/e

30. Widerstand gegen „Codex-2000“ – Protest per Brief, Fax oder Email

Warnen Sie die internationalen „Codex“-Delegierten! So wie im September 1998 viele Delegierte durch unsere Information und Demonstration aufgewacht sind, sich draußen bei uns informiert haben und zum Einfrieren der Richtlinie des Pharma-Kartells beigetragen haben, so müssen in diesem Jahr die Delegierten bereits vorgewarnt werden, bevor es zu spät ist. Schreiben Sie möglichst viele Briefe an Delegierte auch aus anderen Ländern und Erdteilen!

Es ist wichtig, daß auch und gerade die Delegierten aus weit entfernten Ländern wie Uganda, Ägypten oder Pakistan informiert und gewarnt werden, damit sie sich nicht für die Codex-Pläne des Pharma-Kartells mißbrauchen lassen!

Nutzen Sie darum bitte die anhängenden Vordrucke, kopieren Sie sie, tragen Sie die Adresse eines Delegierten ein, unterschreiben Sie und schicken Sie den Brief recht bald ab. Diese Informationsarbeit ist sehr wichtig! Ebenso wie die vielen Tausend Briefe, die von den Aktivisten von amnesty international an verantwortliche Behörden in vielen Ländern verschickt werden, sind diese Briefe an Codex-Delegierte ein unverzichtbares Mittel, um Aufmerksamkeit zu wecken und an die Verantwortung der Entscheidungsträger zu appellieren. Je mehr Briefe bei den Delegierten eingehen, desto wirksamer die Warnung vor der Strategie des Pharma-Kartells!

Die Adressen der Delegierten des Codex-Komitees für Ernährung und diätetische Lebensmittel finden Sie hinten in diesem Heft aufgelistet. Neben diesen Adressen finden Sie auch die Zeichen D, E, F und S für die Sprachen Deutsch, Englisch, Französisch und Spanisch. Bitte wählen Sie für diese Sprachbereiche den entsprechenden Vordruck des Briefes an die Delegierten aus. Sie können die Vordrucke kopieren oder auch weitere kostenlos bei uns anfordern! Wenn Sie möchten, können Sie diesem Formbrief auch einige persönliche Zeilen auf Deutsch beifügen.

Bitte sorgen Sie dafür, daß eine Gruppe von Delegierten, etwa 10 oder 20 oder noch mehr, einen Warnbrief von Ihnen erhält. Geben Sie diese Broschüre auch an Freunde und Bekannte weiter und bitten Sie diese, ebenfalls eine Gruppe von Delegierten anzuschreiben – nur so erreichen wir ein deutliches Signal an die Kommission!

Auf Ihren Einsatz kommt es an – im Namen der vielen Millionen Menschen, deren Gesundheitsinteressen Sie damit vertreten, danken wir Ihnen!

Vordruck eines Antwortbriefes der verantwortungsvollen Codex-Mitglieder an Dr. Rath

Dr. med. Matthias Rath

Postbus 405

NL-7600 AK Almelo

Fax: 0031-546-533-111

Betreff: Ablehnung der Codex-Pläne des Pharma-Kartells

Sehr geehrter Dr. Rath,

ich unterstütze Ihren Einsatz zum weltweiten Erhalt der Vitaminfreiheit und stelle mich gegen die Pläne, über die Codex Alimentarius Kommission eine Einschränkung des Zugangs zu Vitaminen und der Verbreitung von Gesundheitsaussagen zu Vitaminen und anderen Nahrungsergänzungsstoffen weltweit festzuschreiben.

In meiner Delegation setze ich mich für die Ablehnung und für die vollständige Aufhebung dieser Pläne ein.

Ich möchte, daß diese Stellungnahme veröffentlicht wird und zur Verstärkung des Widerstands gegen die Pläne zur Einschränkung der Vitaminfreiheit verwendet wird.

Name:

Delegation/Organisation:

Ort, Datum:

Unterschrift des Codex-Delegierten

31. Widerstand gegen „Codex-2000" – Die Adressen der selbsternannten Codex-Mitglieder

Nachfolgend finden Sie eine Liste der sogenannten Codex-Delegierten. Bitte beachten Sie, daß die meisten dieser „Delegierten" durch Pharma-Konzerne ernannt sind und von keinem demokratischen Gremium legitimiert sind.

Präsident
Dr. Rolf **Grossklaus** **D**
Direktor und Professor
Bundesinstitut für gesundheitlichen Verbraucherschutz und Veterinärmedizin (BgVV)
P.O. Box 33 00 13
14191 Berlin
Germany
Tel: +49 (30) 84 12 - 32 30
Fax: +49 (30) 84 12 - 37 15
Email: r.grossklaus@bgvv.de

AUSTRALIEN
Ms. Janine **Lewis** **E**
Principal Nutritionist
Australia New Zealand Food Authority
P.O. Box 71 86
Canberra Mail Centre, ACT 2610
Australia
Tel.: +61 (2) 62 71 22 45
Fax: +61 (2) 62 71 22 78
Email: janine.lewis@anzfa.gov.au

ÖSTERREICH
Dr. Fritz **Wagner** **D**
Stellv. Abteilungsleiter
Bundesministerium für Arbeit, Gesundheit und Soziales Abteilung VIII/B/11
Stubenring 1
1010 Wien
Austria
Tel.: +43 (1) 7 11 72 44 26
Fax: +43 (1) 7 11 72 84 42 6
Email: fritz.wagner@bmg.gv.at

BELGIEN
Albert **d'Adesky** **F**
Conseiller général
Ministère de la Sante Publique
Boulevard Pachéco 19 bte 5
1010 Brussels
Belgium
Tel.: +32 (2) 2 10 48 59
Fax: +32 (2) 2 10 48 79

Paul **Van Den Meerssche** **F**
Inspecteur des Denrées alimentaires
Ministere de la Sante Publique
Boulevard Pachéco 19 bte 5
1010 Brussels
Belgium
Tel.: +32 (2) 2 10 48 33
Fax: +32 (2) 2 10 48 16
Email: Paul.VanDenMeerssche@health.fgov.be

J. **Bontemps** **F**
Conseiller scientjfique et nutritionnel SPADEL
Rue Colonel Bourg 103
1030 Brussels
Belgium
Tel.: + 32 (2) 7 02 38 11
Fax: + 32 (2) 7 02 38 12

Patrick **Coppens** **F**
Manager Legal Affairs
NUTRICIA
Rijksweg 64
2880 Bornem
Belgium
Tel.: +32 (3) 8 90 22 84
Fax: +32 (3) 8 90 23 29

Codex Alimentarius – *Schreiben Sie an die Codex-Mitglieder!*

Michel **Horn** F
Président
NAREDI
Rue de l'Association 50
1000 Brussels
Belgium
Tel.: +32(2) 21 81 47 0
Fax: +32(2) 21 97 34 2

BOLIVIEN

Oscar **Lanza V.** S
Bolivian Codex Alimentarius Committee
P.O. Box 5 68
La Paz
Bolivia
Tel.: +591(2) 22 29 87
Fax: +591(2) 22 29 87
Email: aisbolol@ceibo.entelnet.bo

BRASILIEN

Cbristovam **0. Araujo** S
Minister
Brazilian Ministiy of Foreign Affairs
Consulate General
Esplanade 11
13465 Berlin
Germany
Tel.: +49(30) 4 45-91 21
Fax: +49(30) 4 45-91 84
Email: araujo@brasilien.delhivl de

Ricardo Goncalves **Coelho** S
Assessoria Técnica em Nutricaó
Ministry of Health
Escola de Nutricaó
Universidade Federal de Ouro Preto
Ouro Preto - MG 35400-000
Brasil
Tel.: +55(34)3 14 88 00 R 303
Fax: +55(34)3 14 89 10
Email: coelho@uniube.br

Marllia Regini **Nutti** S
Director
Brazilian Agriculture Research Coorporation
Ministry of Agriculture and Supply
Av. das Americas 29501 Guaratiba
Rio de Janeiro 23 020-470
Brasil
Tel.: +55 (21) 4 10 13 50
Fax: +55 (21) 4 10 10 90
Email: mariha@ctaa.embrapa.br

Dra. Rose Mary **Rodrigues** S
Assessoria Técnica Láctoes
Ministry of Agriculture and Supply
Milk and Milk Products
Esplanada dos Ministérios
Anexo Sala 440
Brasilia 70000-900
Tel.: +55 (61) 3 67 - 20 23; 2 18 - 26 80
Fax: +55 (61) 2 18 - 26 80
Email: a.lima@agricu l tura.gov.br

KAMERUN

Hamadou F
Chef Unite Formation an Programme
National de Vulgarisation Agricole (PNVA)
MINAGRI
DPA/PNVA
Yaoundé
Cameroon
Tel.: + 2 37 31 67 02; 31 67 70
Fax: + 2 37 31 84 17

KANADA

Dr. Margaret **Cheney** E
Chief
Nutrition Evaluation Division
Bureau of Nutritional Sciences
Health Canada
Sir Frederick Banting Building
LOCATOR # 2203 A
Tunney's Pasture
Ottawa, Ontario K1A 0L2
Canada
Tel.: +1(613) 9 57 03 52
Fax: +1(613) 9 41 66 36
Email: margaret_cheney@hc-sc.gc.ca

Ms. Christina **Zehaluk** E
Scientific Evaluator
Bureau of Nutritional Sciences
Health Canada
Sir Frederick Banting Building
Tunney's Pasture
Ottawa, Ontario K1A 0L2
Canada

Tel.: + 1 (6 13) 9 57 17 39
Fax: + 1 (6 13) 9 41 66 36
Email: christina_zehaluk@hc-sc .gc.ca

Ms. Gail **Ewan^** E
Assistant Director, Nutrition
Communications to Health Professionals
Diary Farmers of Canada
1801 McGill College Avenue, Suite 1000
Montreal, Quebec H3A 2N4
Canada
Tel.: + 1 (5 14) 2 84 - 10 92
Fax: + 1 (5 14) 2 84 - 04 49

Dr.Richard M. **Black** E
Director
Scientific Regulatory Affairs
Nestlé Canada Inc.
25 Sheppard Avenue West
North York, Ontario M2N 6S8
Canada
Tel.: +1(4 16) 2 18 28 22
Fax: +1(4 16) 2 18 26 23
Email: richard.black@ca.nestle.com

Ms. Elisabeth **Sterken** E
National Director
INFACT Canada
16 Trinity Square
Toronto, Ontario M5G LB1
Canada
Tel.: + 1(4 16) 5 95 - 98 19
Fax: + 1(4 16) 5 91 - 93 55
Email: infact@ftn.net

CHINA E
Jia **Lei**
Director of the Center of Import Food Hygiene, Supervision and Inspection of Bejing National Enter and Exit Country Boundary Inspection and Quarantine Administration of P.R. China
20 North Street Hepingli
100013 Beijing
China
Tel.: + 86 (10) 64 27 42 37
Fax: + 86 (10) 64 22 18 73

Zheng **Jianhui** E
Lebensmittelkontrolleur, Doctor
Chinese nationale Health & Quarantine Bureau
116 Dongdu Road
361012 Xiamen, Fujian
China
Tel.: + 86 (5 92) 6 01 00 48
Fax: + 86 (5 92) 6 01 51 84

DÄNEMARK E
Ms. Bente **Koch**
Scientific Advisor, M.Sc.
Danish Veterinary and Food Administration
Rolighedsvej 25
1958 Frederiksberg C
Denmark
Tel.: +45 33 95 61 72
Fax: +45 33 95 60 60
Email: bmk@vfd.dk

Ms. Ellen **Trolle** E
Senior Research Nutritionist
Danish Veterinary and Food Administration
Mørkhøj Bygade 19
2860 Søborg
Denmark
Tel.: +45 33 95 64 21
Email: etr@vfd.dk

Ms. Laila **Lundby** E
Food Scientist
Danish Dairy Board
Frederiks Allé 22
8000 Århus C
Denmark
Tel.: +45 / 87 31 21 99
Fax: +45 / 87 31 20 01
Email: llu@mejeri.dk

ÄGYPTEN
Prof. Dr. Salah Hussien **Abo-Raiia** E
Cairo University
34 Taiba St., Mohandseen
Giza
Egypt
Tel.: +20 (2) 3 49 37 95

Codex Alimentarius – *Schreiben Sie an die Codex-Mitglieder!*

DEUTSCHLAND

Dr. Ulrich **Barth** D
Referatsleiter
Bundesministerium für Gesundheit (BMG)
Am Propsthof 78a
53121 Bonn
Germany
Tel.: +49 (2 28) 9 U5341 - 41 20
Fax: +49 (2 28) 9 41-49 65

Dr. Wolf **Hölzel** D
Bundesministerium für Gesundheit (BMG)
Am Propsthof 78 a
53121 Bonn
Germany
Tel.: +49 (2 28) 9 41 - 41 00
Fax: +49 (2 28) 9 41 - 49 41

Werner **Siebenpfeiffer** D
Ministerialdirigent
Bundesministerium für Gesundheit (BMG)
Postfach 08 01 63
10001 Berlin
Deutschland
Telefon: (030) 20 64 0 - 0
Telefax: (030) 20 64 0- 4974
e-mail: poststelle@bmg.bund.de

Michael **Warburg** D
Oberregierungsrat
Bundesministerium für Gesundheit (BMG)
Am Propsthof 78 a
53121 Bonn
Germany
Tel.: +49 (2 28) 9 41 - 41 21
Fax: +49 (2 28) 9 41 - 49 65

J.-H. **Kroke** D
Oberamtsrat
Bundeswirtschaftsministerium (BMWi)
Villemombler Straße 76
53123 Bonn
Germany
Tel.: +49 (2 28)6 15 42 21
Fax: +49 (2 28) 6 15 27 65

Dr. Angelika **Domke** D
Wissenschafthiche Direktorin
Bundesinstitut für gesundheitlichen
Verbraucherschutz und Veterinärmedizin (BgVV)
P.O. Box 33 00 13
14191 Berlin
Germany
Tel.: +49 (30) 84 12 - 32 13
Fax: +49 (30) 84 12 - 37 15
Email: a.domke@bgvv.de

Prof. Dr. Gerhard **Rechkemmer** D
Direktor und Professor
Bundesforschungsanstalt für Ernährung
Engesserstraße 20
76131 Karlsruhe
Germany
Tel.: + 49 (721) 6 62 50
Fax: + 49 (721) 6 62 5
Email: rechkemmer@bfe.fzk.de

Stefanie **Bausch** D
Nestlé Deutschland AG
Lyoner Straße 23
60523 Frankfurt/Main
Germany
Tel.: +49 (69) 66 71 26 89
Fax: +49 (69) 66 71 34 40

Harald **Dittmar** D
Bundesverband Deutscher Industrie-handels-
unternehmen für Arzneimittel,
Reformwaren und Körperpflegemittel
L 11, 20-22
68161 Mannheim
Germany
Tel.: +49 (6 21) 12 94 33 0
Fax: +49 (6 21) 15 24 66

Beate **Kettlitz** D
Amway GmbH
Benzstraße 11 a-c
82178 Puchheim
Germany
Tel.: + 49 (89) 8 00 94 - 3 38
Fax: + 49 (89) 0 00 94 - 3 13

Dr. Gert **Krabichler** D
Regulatory Affairs Manager
Hoffmann LaRoche AG
79630 Grenzach-Wyhlen
Germany
Tel.: +49 (76 24) 14 22 50
Fax: +49 (76 24) 50 06
Email: gert.krabichler@roche.com

Dr. Elisabeth **Luttermann-Semmer** D
Deutsche Gesellschaft für Ernährung e.V.
Leitung Referat Ernährungsberatung
Im Vogelsgesang 40
60488 Frankfurt am Main
Germany
Tel.: +49 (69) 97 68 03 - 0
Fax: +49 (69) 97 68 03 - 99

Angelika **Michel-Drees** D
Food Officer, Referentin für Ernährung und LM-Recht
Arbeitsgemeinschaft der Verbraucherverbände e.V.
Heilsbachstraße 20
53123 Bonn
Germany
Tel.: +49 (2 28) 63 89 14 5
Fax: +49 (2 28) 64 42 58

Angelika **Mrohs** D
Geschäftsführerin
Bund für Lebensmittelrecht und Lebensmittelkunde e.V.
Godesberger Allee 157
53175 Bonn
Germany
Tel.: +49 (228) 81 99 30
Fax: +49 (228) 37 50 69
Email: bll.brc@t-onhine .de

Bettina **Muermann** D
Geschaftsführerin
Bund für Lebensmittelrecht und Lebensmittelkunde e.V.
Godesberger Allee 157
53175 Bonn
Germany
Tel.: +49 (2 28) 81 99 30
Fax: +49 (2 28) 37 50 69
Email: bll.brc@t-onhine.de

Dr. Detlef J.G. **Müller** D
Procter & Gamble European Service GmbH
Industriestraße 3 0-34k
65733 Eschborn/Ts.
Germany
Tel.: +49 (61 96) 89-43 98
Fax: +49 (61 96) 89-66 48
Email: muller.d@pg.com

Dr. Michael **Packert** D
Südzucker AG Mannheim/Ochsenfurt
Forchheimer Straße 2
90425 Nürnberg
Germany
Tel.: +49 (9 41) 9 34 44 65
Fax: +49 (9 11) 9 34 45 60

Dipl.-Ing. Norbert **Pahne** D
Geschäftsführer
Verband der Reformwaren-HerSteller (VRH) e.V.
Postfach 22 45
61294 Bad Homburg v.d.H.
Germany
Tel.: +49 (61 72) 40 68 - 20
Fax: +49 (61 72) 40 68 - 99

Dr. Norbert **Sauerwald** D
Nestlé Deutschland AG
Lyoner Straße 23
60523 Frankfurt/Main
Germany
Tel.: +49 (69) 66 71 22 76
Fax: +49 (69) 66 71 34 40

Dr. Karin **Schiele** D
Lebensmittelchemikerin / Ernährungswissenschaftlerin
CPC Deutschland GmbH
Knorrstraße 1
74074 Heilbronn
Germany
Tel.: +49 (71 31) 501 - 273
Fax: +49 (71 31) 501 - 703

Dr. Ortrun **Schneider** D
Peter Kölln Köllnflockenwerke
Postfach 6 29
25333 Elmshorn
Germany
Tel.: +49 (41 21) 64 80
Fax: +49 (41 21) 66 39

Dr. Wolfgang **Schubert** D
Leiter der Entwicklung
Humana-Milchunion eG
Postfach 19 52
32046 Herford
Germany
Tel.: +49 (52 21) 18 13 27
Fax: + 49 (52 21) 18 14 06

Heinz **Wenner** D
Hauptgeschchäftsführer
Diätverband e.V.
Winkelsweg 2
53175 Bonn
Germany
Tel: +49 (2 28) 30 85 11 0
Fax: +49 (2 28) 30 85 15 0

ENGLAND

Mrs. Rosemary **Hignett** E
Grade 6
Food Labelling and Standards Division
Ministry of Agriculture, Fisheries and Food
Ergon House
c/o Nobel House
17 Smith Square
London SWIP 3JR
United Kingdom
Tel.: +44 (1 71) 2 38 62 81
Fax: +44 (1 71) 2 38 67 63

Dr. Petra **Clarke** E
Medical & Scientific Manager
Health Aspects of the Environment and Food
Division (Nutrition Unit)
Department of Health
Skipton House
80 London Road
London SE1 6LW
United Kingdom
Tel.: +44 (1 81) 8 81 63 51
Fax: +44 (1 71) 9 72 51 53

Ms. Helen **Lee** E
Senior Scientific Officer
Radiological Safety and Nutrition Division
(Nutrition Unit)
Ministry of Agriculture, Fisheries and Food
Ergon House
c/o Nobel House
17 Smith Square
London SW1P 3JR
United Kingdom
Tel.: +44 (1 71) 2 38 62 14
Fax: +44 (1 71) 2 38 63 30

Bill **Scriven** E
Grade 7, Nutrition Division
(Nutrition Unit)
Ministry of Agriculture, Fisheries and Food
Ergon House
c/o Nobel House
17 Smith Square
London SW1P 3JR
United Kingdom
Tel.: +44 (1 71) 2 38 57 00
Fax: +44 (1 71) 2 38 63 30

Ms. Ruth **Birt** E
Corporate & Regulatory Adviser
c/o SHS International
100 wayertree Blvd.
Liverpool L7 9PT
United Kingdom
Tel.: +44 (1 51) 2 28 19 92

FINNLAND

Ms. Kaija **Hasunen** E
Government Counsellor
Ministry of Social Affairs and Health
P.O. Box 1 97
00531 Helsinki
Finland
Tel.: +3 58 (9) 1 60 40 35
Fax: +3 58 (9) 1 60 41 44
Email: kaija.hasunen@stm.vn.fi

Ms. Minna-Maija **Väänänen** E
Planner
National Food Administration
P.O. Box 5
00531 Helsinki
Finland
Tel.: +3 58 (9) 77 26 76 30
Fax: +3 58 (9) 77 26 76 66
Email: minna--maija.vaananen@elintarvikevirasto .fi

FRANKREICH

Dr. Dominique **Baelde** F
Head of Delegation
DGCCRF - Ministère de l'Economie, des
Finances et de l'Industrie
Bureau D3 Teledoc 251 -
75013 Paris
France
Tel.: +33 (1) 44 97 32 80
Fax: +33 (1) 44 97 05 27

Jean-Francois **Roche** F
Chargé de Mission du Codex
Ministere de l'Agniculture et de la Péche
251, rue de Vaugirard
75732 Paris Cedex 15
France
Tel.: +33 (1) 49 55 58 81
Fax: +33 (1) 49 55 59 48
Email: dgal.doc@wanadoo.fr

Mme. Françoise **Costes** F
Chargée de missions scientifiques et réglementaires
ATLA (Association de la Transformation Laitiêre Francaise)
34, rue de Saint Petersbourg
75382 Paris Cedex 08
France
Tel.: +33 (1) 49 70 72 69
Fax: +33 (1) 42 80 63 62

Mme. Marie-Odile **Gailing** F
Directeur Service Affaires Scientifiques et Règlementaires
Nestlé France
7, boulevard Pierre Carie, B.P. no 800 - Noisiel
77446 Maine le Vallée Cedex 02
France
Tel.: +33 (1) 60 53 20 40
Fax: +33 (1) 60 53 54 65
Email: Marie-Odile.Gai l ing@fr.nestle.com

Mme. Christine **Guittard** F
Regulatory Affairs
Monsanto France
Elysées La Defense
7, Place du Dome
92056 Paris La Defense Cedex
France
Tel.: +33 (1) 55 23 13 64
Fax: +33 (1) 55 23 13 65
Email: christine.guittard@monsanto.com

Mme. Brigitte **Laurent** F
Responsable service Nutrition Dietétique
L'Alliance 7
194, rue de Rivoli
75015 Paris
France
Tel.: +33 (1) 44 77 85 85
Fax: +33 (1) 42 61 95 34
Email: blaurent@alliance7.com

Mme. Jolanta **Leone** F
Responsable Réglementaire
Ste Bledina sa (ex. Diépal-na)
383, Rue Philippe Heron - B.P. 432
69654 Villefranche-Sur-Saone
France
Tel.: +33 (4) 74 62 63 74
Fax: +33 (4) 74 62 64 88
Email: jleone@bledina.danone.com

Mme. Annie **Loc'h** F
Responsable Réglementation
Groupe Danone
7, rue de Téhéran
75381 Paris Cedex 08
France
Tel.: +33 (1) 44 35 24 32
Fax: +33 (1) 44 35 24 45
Email: a l och@groupe.danone.com

Ainbroise **Martin** F
Professor
INSERM
INSERM U189 BP 12
69921 Oullins Cedex
France
Tel.: +33 (4)78 8631 58
Fax: +33 (4) 78 5071 52
Email: martin@lyon-sud.univ-lyon 1.fr

Jean-Louis **Ramet** F
Research and scientific manager
50, rue du Professeur Paul Sisley
69008 Lyon
France
Tel.: +33 (4) 78 01 29 61
Fax: +33 (1) 49 72 11 97
Email: milupa@club-intemet.fr

Jean **Rey** F
Prof Dr. med.
Université Paris 5
42 Quai Henri IV
75004 Paris
France
Tel.: +33 (1) 55 55 07 73
Fax: +33 (1) 55 55 07 83

GRIECHENLAND

Dr. Catherine **Moraiti** E
Head of Dietetic Section
National Drug Organisation
284 Messogion Str.
15562 Athens
Greece
Tel.: +30 (1) 6 54 70 02
Fax: +30 (1) 6 54 70 02 / 6 54 55 35

UNGARN

Dr. Marta **Horacsek** E
Head of Department Food Registration
Ins, of Food Hygiene and Nutrition
Gyàli u 3/a
1097 Budapest
Hungary
Tel.: + 36 (1) 21 5 - 41 30
Fax: + 36 (1) 21 5 - 15 45

Dr. Elizabeth **Ulveczki** E
National Medical Officer
National Medical and Public Health Office
Gyáli Ut 2-6
1097 Budapest
Hungary
Tel.: +36 (1) 2 15 53 20
Fax: +36 (1) 2 16 85 98

INDIEN

Mrs. Dr. Rekha **Bhargava** E
Joint Secretary
Department of Women & Child Development
Ministry of Human Resource Development
Shastri Bhavan
110001 New Delhi
India
Tel.: +91 (11) 3 38 62 27
Fax: +91 (11) 3 38 18 00
Email: akg_1@hotmail.com

Dr. Sri Ram **Khanna** E
Hony, Managing Trustee
Volountary Organisation in the Interest of Consumer Education (VOICE)
F-71, Lajpat Nagar - II
110024 New Delhi
India
Tel.: + 91 (11) 6 91 89 69, 6 31 53 75
Fax: + 91 (11) 4 62 61 89
Email: srkhanna@giasdL01.vsnL.net.in

Mrs. Shashi **Prabha Gupta** E
Technical Adviser
Food & Nutrition Bureau
Department of Women & Child Development
Ministry of Human Resource Development
Shastri Bhavan
110001 New Delhi
India
Tel.: +91 (11) 3 38 38 23
Fax: +91 (11) 3 38 18 00

INDONESIEN

Syahril **Sjahfiri** E
Konsul
Generalkonsulat der Republik Indonesien in Berlin
Esplanade 9
13187 Berlin
German
Tel.: +49 (30) 4 45 92 10
Fax: +49 (30) 4 44 76 39

Ms. Devi **Purwanti** E
Vizekonsulin
Generalkonsulat der Republik Indonesien in Berlin
Esplanade 9
13187 Berlin
Germany
Tel.: +49 (30) 4 45 92 10
Fax: +49 (30) 4 44 76 39

Mr. Yoesoef **Fahroni** E
Head Sub Directorate of Food Lisency, MOH
Department of Health
Il Pereretakan Negara 23
Jakarta
Indonesia
Tel.: +62 (21) 4 24 17 81
Fax: +62 (21) 4 25 38 56

ITALIEN

Dr.ssa Lucia **Guidarelli** E
Dirigente Medico li livello
Dipartimento Alimenti e Nutrizione e Sanità Pubblica Veterinaria
Ufficio XII
Piazzale Marconi 25
00144 Roma
Italy

Tel.: + 39 (6) 59 94 38 28
Fax: + 39 (6) 59 94 32 55

Dr.ssa Brunella **Lo Turco** E
Secretaire General Comite National du
Codex Alirnentarius
Ministere de L'Agricolture
Via XX Settembre 20
00100 Roma
Italy
Tel.: +39 (6) 4 88 02 73
Fax: +39 (6) 4 88 02 73

JAPAN E

Toshihiko **Yunokawa**, D.V.M.
Senior Veterinary Officer
Office of Health Policy on Newly Developed Foods
Environmental Health Bureau
Ministry of Health and Welfare
1-2-2 Kasumigaseki, Chiyoda-ku
100-45 Tokyo
Japan
Tel.: +81 (3) 35 95 - 23 27
Fax: +81 (3) 35 03 - 79 65
Email: TY-UJJ@mhw.go.jp

Noriya **Nakajima** E
Chief
Inspection and Gusdance Division
Pharmaceutical and Medical Safety Bureau
Ministry of Health and Welfare
Kasumigoseki 1-2-2 Chiyodadu
100-45 Tokyo
Japan
Tel.: + 81 (3) 35 03 - 17 11 ex. 27 66
Fax: + 81 (3) 35 03 - 10 43
Email: NN-ETA@mhw.go.jp

Hiroshi **Ogino** E
Deputy Director
Division of Groceries, Oils and Fats
Ministry of Agriculture, Foresty and Fisheries
1-2-1 Kasumigaseki
Chiyoda-ku
100-8950 Tokyo
Japan
Tel.: +81 (3) 35 02 - 81 11
Fax: +81 (3) 35 02 - 05 14
Email: hirosiogino@nm.maff.go.iP

Hiroshi **Tatsuguchi** E
Chief
Merchandise Science Division
Consumer Affairs Department
Tokyo Center for Quality Control and Consumer Service, MAFF
4-4-7, Kounan, MINATO-ku
108-0075 Tokyo
Japan
Tel.: +81 (3) 34 74 - 45 01
Fax: +81 (3) 34 58 - 14 61
Email: ghh03700@nifty.ne.jp

Hiroaki **Hamano** E
Technical Adviser
Japan Food Hygiene Association
6-1, Jingumae 2-Chome, Shibuya-ku
150-000 1 Tokyo
Japan
Tel.: +81 (3) 34 03 - 21 12
Fax: +81 (3) 34 78 - 00 59

Hirotoshi **Hayasawa** E
Technical Advisor
The Japanese National Committee of IDF
1-14-19 Kudan-Kita, Chiyoda-ku
102 Tokyo
Japan
Tel.: +81 (3) 32 64-37 31
Fax: +81 (3) 32 64-31 32

Norimasa **Hosoya**, M.D., Ph.D. E
Director General
Japan Health Food & Nutrition Food Association
6-1, Jingumae 2-Chome, Shibuya-ku
150-000 1 Tokyo
Japan
Tel.: +81 (3)54 10 - 82 31
Fax: +81 (3)54 10 - 82 35
Email: jhnfa@st.alpha-web.or.jp

Tatuo **Inaishi** E
Technical Advisor
The Japanese National Committee of IDF
1-14-19 Kudan-Kita, Chiyoda-ku
Tokyo
Japan
Tel.: +81 (3) 32 64 - 37 31
Fax: +81 (3) 73 64 - 37 32

Tadashi **Idota** E
Technical Advisor
The Japanese National Committee of IDF
1-14-19 Kudan-Kita, Chiyod a-ku
Tokyo
Japan
Tel.: +81 (3) 32 64-37 31
Fax: +81 (3) 73 64-37 32

Motoki **Jujo** E
Assistant Manager
The Japanese National Committee of IDF
25, rue Louis Le Grand
75002 Paris
France
Tel.: +33 (1) 47 42 47 72
Fax: +33 (1) 47 42 48 45
Email: snow.euro@dial.oleane .com

Hiroshi **Tsuchita** E
Technical Advisor
The Japanese National Committee of IDF
1-14-19 Kudan-Kita, Chiyoda-ku
189 Higashimurayama Tokyo
Japan
Tel.: +81 (3) 32 64 - 37 31
Fax: +81 (3) 73 64 - 37 32

KOREA

Tal Soo **Lee** E
Chief
Division of Nutrition
Korea Food & Drug Administration
Division of Nutrition
Food Safety Evaluation Dep. KFDA
5 Nokbum-Dong, Eunpyung-Gu
122-704 Seoul
Republic of Korea
Tel.: +82 (2) 3 80 16 77
Fax. +82 (2) 3 82 40 92
Email: codexkorea@kfda.go.kr

Jaiok **Kim** E
Executive Director
Citizen's Alliance for Consumers Protection of Korea
Chongro-Gu
Sinmunro 2 ga
89-27 Pierson Bldg. 603
K.P.O.Box4 11
Seoul
Republic of Korea
Tel.: +82 (2) 7 38 25 55
Fax: +82 (2) 7 36 55 14
Email: cacpk@chollian.dacom.co.kr

Hyun Jung **Park** E
Researcher
Food Sanitation Council
Ministry of Health & Welfare
Codex office
Korea Food & Drug Administration
5 Nokbum-Dong, Eunpyung-Gu
122-704 Seoul
Republic of Korea
Tel.: +82 (2) 3 80 - 15 64
Fax: +82 (2) 3 83 - 83 21
Email: codexkorea@kfda.go.kr

KROATIEN E

Antoinette **Kaic-Rak**
Head of Human Nutrition Dept.
Croatian National Institute of Public Health
Rockefellerova 7
10000 Zagreb
Croatia
Tel.: +3 85 (1)4 68 30 06
Fax: +3 85 (1) 4 68 30 07
Email: hzzjz.fp@zg.tel.hr

Elika **Mesaros Kanjski** E
Health Ecology Service
Institute of Public Health
Kresimirova 42a
51000 Rijeka
Croatia
Tel.: +385(51)333-888

LAOS E

Sivilay **Naphayvong**
Deputy Chief of Food Control Division
Food and Drug Department
Ministry of Health
Vientiane
Laos
Tel.: +8 56 (21) 21 40 13 / 14
Fax: +8 56 (21) 21 40 15

MALAYSIA

Dr. Tee **E-Siong** E
Head
Division of Human Nutrition
Institute for Medical Research
Jalan Pahang
50588 Kuala Lumpur
Malaysia
Tel.: +60 (3) 2 98 67 04
Fax: +60 (3) 2 94 35 75 / 2 93 83 06
Email: teees@imr.gov.my

NIEDERLANDE

Mrs. S. **Potting** E
Policy Officer Food & Nutrition Department
Ministry of Health, Welfare and Sports
P.O. Box 54 06
2280 HK Rijswijk
Netherlands
Tel.: +31 (70) 3 40 69 68
Fax: +31 (70) 3 40 55 54
Email: sm.potting@minvws.nl

F. **Janssen** E
Food Chemist
Ministry of Health, Welfare and Sports
P.O. Box 54 06
2280 HK Rijswijk
Netherlands
Tel.: +31 (5 75) 52 66 44
Fax: +31 (5 75) 52 46 07
Email: fwjanssen@wxs.nl

Gerrit M. **Koornneef** E
Food Legislation Officer
General Commodity Board for Arable Products
P.O. Box 2 97 39
2502 LS Den Haag
Netherlands
Tel.: +31 (70) 3 70 83 23
Fax: +31 (70) 3 70 84 44
Email: g.m.koornneef@hpa.agro.nl

A. **Onneweer** E
Ministry of Agriculture, Nature Management and Fisheries
P.O. Box 2 04 01
2500 EK The Hague
Netherlands
Tel.: +31 (70) 37 04 36
Fax: +31 (70) 37 61 41
Email: a.f.onneweer@mkg.agro.nl

H.H.S. **Roomans** E
Food Chemist
Ministry of WVS. I-W & V
Florijnruwe 111
6218 CA Maastricht
Netherlands
Tel.: +31 (43) 3 54 63 00
Fax: +31 (43) 3 43 73 85

Dr. W.A. **Roelfsema** E
Food Legislation Officer
Friesland Coberco Dairy Foods
P.O. Box 2 26
8901 MA Leeuwarden
Netherlands
Tel.: +31(50)2992668
Fax: +31 (50)2992540

Dr. Jaap **Schrijver** E
Manager Corporate Regulatory Affairs
Commission for Dutch Food and Agricultural Industry
P.O. Box 1
2700 MA Zoetermeer
Netherlands
Tel.: +31 (79) 3 53 94 66
Fax: +31 (79) 3 53 90 50
Email: jaap.schrijver@numico.com

Mrs. T. van **Ommeren** E
Programme coordinator
Wemos
P.O. Box 16 93
1000 BR Amsterdam
Netherlands
Tel.: +31 (2) 4 68 83 88
Fax: +31 (2) 4 68 60 08
Email: wemos@wemos.nl

NEUSEELAND

Elizabeth **Aitken** E
Senior Advisor (Nutrition)
Ministry of Health
P.O. Box 50 13
Wellington
New Zealand

Tel.: +64 (4) 4 96 24 25
Fax: +64 (4) 4 96 23 40
Email: elizabeth_aitken@moh.govt.nz

Ron **Law** E
Executive Director
National Nutritional Foods Association of New Zealand
P.O. Box 10 05 38
North Shore City
New Zealand
Tel.: +64 (9) 8 32 47 73
Fax: +64 (9) 8 32 48 83
Email: ron.law@ait.ac.nz

NORWEGEN

Ms. Turid **Ose** E
Norwegian Food Control Authority
P.O. Box 81 87 Dep.
0034 Oslo
Norway
Tel.: +47 22 24 66 50
Fax: +47 22 24 69 99
Email: turid.ose@srt.dep.telemax.no

Ms. Bente **Mangschou** E
Norwegian Food Control Authority
P.O. Box 81 87 Dep.
0034 Oslo
Norway
Tel.: +47 22 24 66 50
Fax: +47 22 24 69 99
Email: bente.mangschou@srt.dep.telemax.no

Ms. Bodil **Blaker** E
National Nutrition Council
P.O. Box 81 39 Dep.
0033 Oslo
Norway
Tel.: +47 22 24 90 61
Fax: +47 22 24 90 91
Email: bodil.blaker@se.dep.telemax.no

Ms. Gry **Hay** E
National Nutrition Council
P.O. Box 81 39 Dep.
0033 Oslo
Norway
Tel.: +47 22 85 13 34
Fax: +47 22 85 15 32
Email: gry.hay@basalmed.uio.no

Dag Viljen **Poleszynski,** MSc. E
Jar helse- og miljøsentrum
Bjerkelundsvn. 8 b
1342 Jar
Norway
Tel.: +47 67 14 71 39
Fax +47 67 14 88 26
Email: viljen@powertech.no

PERU

José Antonio **Doig Alberdi** S
Generalkonsul
Generalkonsulat von Peru in Berlin
Schadowstraße 6
10117 Berlin
Germany
Tel.: +49 (30) 2 29 14 55
Fax: +49 (30) 2 29 28 57
Email: conper.berlin@t-online .de

Claudia **Lozada de Schoof** D
Handelsbeauftragte
Generalkonsulat von Peru
Schadowstraße 6
10117 Berlin
Germany
Tel.: +49 (30) 2 29 14 55
Fax: +49 (30) 2 29 28 57
Email: conper.berlin@t-online.de

PHILIPPINEN

Armando L. **Comia** S
Third Secretary and Vice-Consul
Embassy of the Republic of the Philippines
Berlin Extension Office
Hohenzollerndamm 196
10717 Berlin
Germany
Tel.: +49 (30) 8 61 -35 30; 8 61 92 10
Fax: +49 (30) 8 73 -25 51
Email: berlineo@compuserve.com

POLEN

Dr. Lucjan **Szponar** E
Director
Head of National Food and Nutrition Institute
National Food and Nutrition Institute
6 1/63 Powsinska Street
02-903 Warsaw

Poland
Tel.: +48 (22) 42 21 71
Fax: +48 (22) 42 11 03

Ms. Maria **Kundzicz** E
Res. assistent
National Food and Nutrition Institute
Dept. of Food Hygiene and Nutrition
61/63 Powsinska Street
02-903 Warsaw
Poland
Tel.: +48(22)4211 28
Fax: +48(22)4211 28

Dr. Grazyna **Okolska** E
Head of Food Hygiene Laboratory
National Food and Nutrition Institute
61/63 Powsinska Street
02-903 Warsaw
Poland
Tel.: +48 (22) 42 11 28
Fax: +48 (22) 42 11 28
Email: instzyw@frodo.nask.org.pl

Ms. Agata **Witkowska** E
Assistant
National Food and Nutrition Institute
Department of Nutritional Value of Food
61/63 Powsinska Street
02-903 Warsaw
Poland
Tel.: +48 (22) 42 05 71 ext. 1 30
Fax: +48 (22) 42 11 03 / 42 37 42
Email: awit@izz.waw.pl

PORTUGAL

Prof. Dr. Amorim **Cruz** S
Investigator Principal do Inst ituto Nacional de Saáde Dr. Ricardo Jorge
Instituto Nacional de Saüde
Avenida Padre Cruz
1699 Lisboa Codex
Portugal
Tel.: +3 51(1) 7 51 93 08
Fax: +3 51(1) 7 59 04 41

Eng Antonio **Cabrera** S
Assessor da FIPA
Food Federation
Avenida Antonio José Almeida 7-2o
Lisboa
Portugal
Tel.: +3 51(1) 7 93 86 71
Fax: +3 51(1) 7 93 85 37
Email: FIPA@mail.telepac .pt

RUMÄNIEN

Daniela-Eugenia **Cucu** E
Secretary of C.T. 94 - Food Chemistry
Romanian Standards Association
13, J.L. Calderon street, sector 2
70243 Bucharest
Romania
Tel.: +40 (1) 3 15 58 70
Fax: +40 (1) 2 10 08 33
Email: irs@kappa.ro

SLOWAKEI

Igo **Kajaba,** M.D., CSc. E
Vertreter der Slowakischen Republik
Delegationsleiter
Ministerium für Gesundheit
Klinik VUV
Limbová No. 14
83337 Bratislava
Slovak Republic
Tel.: +42 (17) 43 79 - 5 00, - 5 71
Fax: +42 (17) 3 73 - 9 68

Dr. Sc., Dipl. Ing. Alexander **Szokolay** E
Scientific Adviser
State Institute of Public Health of the Slovak Republic
Trnavska 52
82645 Bratislava
Slovak Republic
Tel.: +42 (17) 27 27 43
Fax: +42 (17) 27 26 41

Iveta **Trusková**, M.D E
Head of the Hygiene of the Nutrition Department
State Institute of Public Health of the Slovak Republic
Tmavska 52
82645 Bratislava
Slovak Republic
Tel.: +42 (17) 27 27 43
Fax: +42 (17) 27 26 41

Codex Alimentarius – *Schreiben Sie an die Codex-Mitglieder!*

SÜDAFRIKA

Mrs. Antoinette **Booyzen** E
Assistant Director: Labelling
Directorate: Food Control
Department of Health
Private Bag X828
0001 Pretoria
South Africa
Tel.: +27 (12) 3 12 04 90
Fax: +27 (12) 3 26 43 74
Email: booyza@hltrsa2.pwv.gov.za

Mrs. Anne **Pringle** E
Dietitian
Health Products Association
P.O. Box 28 78
2060 Cramerview
South Africa
Tel.: +27 (11) 7 06 10 10
Fax: +27 (11) 7 06 79 38
Email: nutrition@sportron.co.za

SPANIEN

D. José Ignacio **Arranz Recio** S
Subdirector General de Higiene de los Alimentos
Dirección General de Salud Pública
Ministerio de Sanidad y Consumo
Paseo des Prado, 18-20
28071 Madrid
Spain
Tel.: +34 (91) 5 96 20 70
Fax: +34 (91) 5 96 44 09
Email: jarranz@msc.es

SCHWEDEN

Mrs. Kerstin **Jansson** E
Head of Section
Ministry of Agriculture
10333 Stockholm
Sweden
Tel.: +46 (8) 4 05 11 68
Fax: +46 (8) 20 61 96
Email: kerstin.jansson@agriculture.ministry.se

Dr. Ingrid **Malmheden Yman** E
Ph.D., Senior Chemist
Chemistry Division 2
National Food Administration
Box 6 22
75126 Uppsala
Sweden
Tel.: +46 (18) 17 56 82
Fax: +46 (18) 10 58 48
Email: iyma@slv.se

Mrs. Jeanette **Nilsson** E
Master of Laws/Legal Adviser
Swedish National Food Administration
Box 6 22
75126 Uppsala
Sweden
Tel.: +46 (18) 17 55 00
Fax: +46 (18) 10 58 48

SCHWEIZ

Eva **Zbinden** E
Attorney
Head International Standards
Swiss Federal Office of Public Health
3003 Berne
Switzerland
Tel.: +41 (31) 3 22 95 72
Fax: +41 (31) 3 22 95 74
Email: eva.zbinden@bag.admin.ch

Irma **Du Bois** F
Nestec Ltd.
1800 Vevey
Switzerland
Tel.: +41 (21) 9 24 22 61
Fax: +41 (21) 9 24 45 47
Email: irina-dubois@nestle.com

Dr. Marquard **Imfeld** D
Head Reg. Affairs Nutrition
Novartis Nutrition AG
Monbijoustr. 118
3001 Berne
Switzerland
Tel.: +41 (31) 3 77 - 68 63
Fax: +41 (31) 3 77 - 63 48
Email:marquard.imfeld@nutrition.novartis.com

Simone **König** F
Hoffmann-La Roche Ltd.
4070 Basel
Switzerland
Tel.: +41 (61) 6 88 84 30

Fax: +41 (61) 6 88 16 35
Email: simone.koenig@roche.com

Dr. Otto **Raunhardt** F
Hoffmann-La Roche Ltd.
P.O. Box
4070 Basel
Switzerland
Tel.: +41 (61) 6 88 75 33
Fax: +41 (61) 6 88 16 35
Email: otto.raunhardt@roche.com

THAILAND

Prof. Vichai **Tanphaichitr** E
Professor of Medicine
Mahidol University
Faculty of Medicine -
Ramathibodi Hospital
Rama 6 Road
Bangkok 10400
Thailand
Tel.: +66 (2) 2 01 14 83
Fax: +66 (2) 2 01 14 83; 2 01 19 10
Email: ravtn@mahidol.ac .th

Mrs. Chantana **Jutiteparak** E
Senior Expert in Food and Drug Standard
Food and Drug Administration
Ministry of Public Health
Nonthaburi 11000
Thailand
Tel.: +66 (2) 5 90 71 52; 5 91 84 47
Fax: +66 (2) 5 91 84 46
Email: chantana@fda.moph.go.th

Mrs. Natnapang **Damrongsoontornchai** E
Consul
Royal Thai Consulate-General
Lepsiusstraße 64/66
12163 Berlin
Germany
Tel.: +49 (30) 7 91 22 68
Fax: +49 (30) 7 91 22 29
Email: Thaiber-qberlin.snafu.de

Ms. Chatsiri **Pinmuangngam** E
Standard Officer
Thai Industrial Standards Institute (TISI)
Ministry of Industry
Rama 6 Street, Rajthewee
Bangkok 10400
Thailand
Tel.: +66 (2) 2 02 34 39; 2 02 34 41
Fax: +66 (2) 2 48 79 87
Email: chatsiri@tisi.go.th

Mr. Pornlert **Virabalin** E
Consul (Commerce)
Royal Thai Consulate-General
14198 Berlin
Germany
Tel.: +49 (30) 8 05 00 31
Fax: +49 (30) 80 50 04 51

TSCHECHISCHE REPUBLIC

Pavla **Buresová,** Mgr. E
Methodologist for Food for Special Use
Czech Agricultural and Food Inspection
Kvetná 15
60300 Brno
Czech Republic
Tel.: +4 20 (5) 53 54 02 10
Fax: +4 20 (5) 43 54 02 18
Email: dundelova@czpi.cz

USA

Dr. Elizabeth A. **Yetley** E
Director
Office of Special Nutritionals, HFS-450
U.S. Food and Drug Administration
200 C Street, S.W.
Washington, DC 20204
USA
Tel.: +1 (2 02) 2 05 41 68
Fax: +1 (2 02) 2 05 52 95
Email: Eyetley@bangate.fda.gov

Dr. Christine **Lewis** E
Special Assistant
Office of Special Nutritionals, HFS-450
U.S. Food and Drug Administration
200 C Street, S.W.
Washington, DC 20204
USA
Tel.: +1 (2 02) 2 05 41 68
Fax: +1 (2 02) 2 05 52 95
Email: CLewisl@bangate.fda.gov

Ms. Ellen Y. **Matten** E
Staff Officer
U.S. Codex Office
Food Safety and Inspection Service
U.S. Department of Agriculture
Room 4861 - South Building
Washington, DC 20250-3700
USA
Tel.: +1 (2 02) 2 05 77 60
Fax:. +1 (2 02) 7 20 31 57
Email: ellen.matten@usda.gov

John **Hammell** E
International Advocates for Health Freedom
2411 Monroe Street, #2
Hollywood, FL 33020
USA

Ms. Regina **Hildwine** E
Director, Food Labeling and Standards
National Food Processors Association
1401 New York Aye, NW
Washington, DC 20005
USA
Tel.: +1 (2 02) 6 39 - 59 26
Fax: +1 (2 02) 6 39 - 59 32
Email: rhildwi@nfpa-food.org

Dr. L. Kenneth **Hiller** E
Procter & Gamble Company
6071 Center Hill Ave.
Cincinnati, OH 45224
USA
Tel.: +1 (5 13) 6 34 - 24 95
Fax: +1 (5 13) 6 34 - 18 13
Email: hiller.lk@pg.com

Mardi K. **Mountford** E
Executive Director
International Formula Council
5775-G Peachtree-Dunwoody Rd.
Suite 500
Atlanta, GA 30342
USA
Tel.: +1 (4 04) 2 52 - 36 63
Fax: +1 (4 04) 2 52 - 07 74
Email: mmountford@assnhg.com

Charlene **Rainey** E
CEO
Nutrition Network, Inc.
4199 Campus Drive
Suite 550
Irvine, CA 92612
USA
Tel.: +1 (9 49) 4 97 60 66
Fax: +1 (9 49) 4 97 89 91
Email: cjrainey@worldnet.att.net

Rita P. **Raman** E
Professor of Pediatrics
University of Oklahoma Health Sciences Center
P.O. Box 2 69 01
Oklahoma City, OK 73190
USA
Tel.: +1 (4 05) 2 71 - 52 15
Fax: +1 (4 05) 2 71 - 12 36
Email: rita-raman@uokhsc.edu

Dr. Kathleen **Reidy** E
Scientist, Scientific Nutrition Affairs
Nabisco, Inc.
200 DeForest Ave.
P.O. Box 19 44
East Hannover, NJ 07936-1944
USA
Tel.: +1 (9 73) 5 03 - 35 20
Fax: +1 (9 73) 5 03 - 24 71
Email: reidyk@nabisco.com

Karl **Riedel** E
Chair-International Committee
National Nutritional Foods Association
3931 MacArthur Blvd.
Suite 101
Newport Beach, CA 92600
USA
Tel.: +1(714)966-6632
Email: nnfa@nnfa.org

Dr. Thomas A. **Swinford** E
Director, Regulatory Affairs
Mead Johnson Nutritionals
2400 West Lloyd Expressway
Evansville, IN 47721
USA
Tel.: +1 (8 12) 4 29 - 50 32
Fax: +1 (8 12) 4 29 - 50 54
Email: tswinfor@usnotes.bms.com

URUGUAY

Dra. Gabriela **Sierra del Cioppo** S
Deputy Director M O.H General Direction,
President of the technical group on foods policies M. O.H
Ministry of Health (M.O.H)
18 de Julio 1892 - 2o Piso - Of. 211
11200 Montevideo
Uruguay
Tel.: +5 98 (2) 4 00 39 61 / 4 09 03 49
Fax: +5 98 (2) 4 08 81 03
Email: Sanfer@Internet.com.uy

Dra. Martha **Illa** S
Chaiman of the Sub-Committee on Nutrition and Food for Special Dietary Uses
Ministerio de Salud Publica
Departamento de Nutrition
18 de Julio 1892 - 3o Piso - Anexo A
11200 Montevideo
Uruguay
Tel.: +5 98 (2) 4 00 90 22
Fax: +5 98 (2) 4 00 90 22
Email: milla@adinet.com .uy

VENEZUELA

Dr. Francisco **Jiménez Martinez** S
Director General Sectorial de Contraloria Sanitaria
Edificio Sur, Piso 3 oficina 324
Centro Simon Bolivar
El Silencio
Caracas
Venezuela
Tel.: +58 (2) 4 81 94 36
Fax: +58 (2) 4 81 80 98Y

INTERNATIONALE ORGANISATIONEN

AAC - ASSOCIATION DES AMIDONNERIES DE CEREALES DE L 'UNION EUROPEENNE

Marcel **Feys** F
AAC
1, Avenue de la Joyeuse Entrée, Bte 10
1040 Brussels
Belgium
Tel.: +32 (2) 2 30 20 31
Fax: +32 (2) 2 30 02 45
Email: aac.brussels@skynet.be

AESGP - ASSOCIATION EUROPÉNNE DES SPÉCIALITÉS PHARMACEUTIQUES GRAND PUBLIC

J. **Lindberg** F
Legal Adviser
7, Avenue de Tervuren
1040 Brussels
Belgium
Tel.: +32 (2) 7 35 51 30
Fax:´+32 (2) 7 35 52 22
Email: j.lindberg@aesgp.be

AOAC INTERNATIONAL

Margreet **Lauwaars** E
Europe representative
P.O. Box 153
6720 AD Bennekom
Netherlands
Tel.: +31 (3 18) 41 87 25
Fax: +31 (3 18) 41 83 59
Email: lauwaars@worldonline .nl

CI - CONSUMERS INTERNATIONAL

Ms. Karin **Andresen** E
Head: Food & Testing
Forbrugerradet
P.O. Box 21 88
1017 Copenhagen K
Denmark
Tel.: +45 (33) 1 36 - 3 11
Fax: +45 (33) 1 34 - 1 15
Email: ka@fl,r.dk

Yousouf **Jhugroo** E
Executive Director
Institute for Consumer Protection
Port Louis
Mauritius
Tel.: +2 (30) 2 10 44 33
Fax: +2 (30) 2 11 44 36
Email: icpmapbi@bow.intnet.mu

Ms. Diane **McCrea** E
Consultant to Consumers' Association, UK
17, Vernon Road
London N8 OQD
United Kingdom

Tel.: +44 (1 81) 8 89 - 44 26
Fax: +44 (1 81) 3 52 - 05 64
Email: diane@mccreal.demon.co.uk

Mr. Narendra G. **Wagle** E
Consumer Guidance Society of India
31 Radheshyam Apts., Juhu Lane
40 00 58 Port Andheri (West)-Bombay
India
Tel.: +91 (22) 2 62 16 12
Fax: +91 (22) 2 65 97 15
Email: cgsibom@bom4.vsnl.net.in

CIAA - CONFEDERATION DES INDUSTRIES AGRO - ALIMENTAIRES DE L'UE

Ms. Eva **Hurt** E
Manager, Regulatory Affairs
Confederation of Food and Drink Industries of the EU (CIAA)
43, Avenue des Arts
1050 Brussels
Belgium
Tel.: +32 (2) 5 14 11 11
Fax: +32 (2) 5 11 29 05
Email: e.hurt@ciaa.be

CISDA - CONFEDERATION OF INTERNATIONAL SOFT DRINKS ASSOCIATIONS

Mrs. Dr. Nino M. **Binns** E
Nutrition Manager
Coca-Cola International
European Community Group
1, Queen Caroline Street
London W6 9HQ
United Kingdom
Tel.: +44 (1 81) 2 37 33 80
Fax: +44 (1 81) 2 37 37 19
Email: nbinns@eur.ko.com

CRN - COUNCIL FOR RESPONSIBLE NUTRITION

Dr. John **Hathcock** E
Director Nutritional and Regulatory Science
1300 19th Street, N.W., Suite 310
Washington, DC 20036-1609
USA
Tel.: +1 (2 02) 8 72 14 88
Fax: +1 (2 02) 8 72 95 94
Email: hathcock@crnusa.org

EHPM - EUROPEAN FEDERATION OF ASSOCIATIONS OF HEALTH PRODUCT MANUFACTURERS

Simon **Pettmann** E
Director of European Affairs
50 Rue de L'association
1000 Brussels
Belgium
Tel.: +32 (2) 2 09 11 45
Fax: +32 (2) 2 23 30 64
Email: ehpm@eas.be

EUROPÄISCHE UNION

EUROPÄISCHE KOMMISSION

Basil **Mathioudakis** E
Principal Administrator
European Commission
Directorate General (DG) III
200, Rue de la Loi
1049 Brussels
Belgium
Tel.: +32 (2) 2 95 91 82
Fax: +32 (2) 2 95 17 35 / 2 96 09 51
Email: Basil.Mathioudakis@cec.be

Prof. Dr. Dr. h.c. Arpad **Somogyi** E
Chef d'unité
European Commission
B232 8/59
200, Rue de La Loi
1049 Brussels
Belgium
Tel.. +32 (2) 75 83 92
Fax: +32 (2) 29 96 29 7
Email: Arpad.Somogyi@dg24.cec.be

COUNCIL OF THE EUROPEAN UNION

Paul **Culley** E
Head of Unit
Secretariat of the Council of the European

Union
170 Rue de La Loi
1048 Brussels
Belgium
Tel.: +32 (2) 2 85 61 97
Fax: +32 (2) 2 85 79 28
Email: dgb@consilium.eu.int

ICGMA - INTERJVATIONAL COUNCIL OF GROCERYMANUFACTURERS ASSOCIATIONS

Mark **Mansour** E
Director, Global Regulatory Affairs
Kellogg Company
One Kellogg Square
Battle Creek, MI 490 16-3599
USA
Tel.: +1 (6 16) 9 61 - 22 13
Fax: +1 (6 16) 9 61 - 32 76
Email: mark.mansour@kellogg.com

ISDI - INTERNATIONAL SPECIAL DIETARY FOODS INDUSTRIES

Dr. Andrée **Bronner** F
Secretaty General
194, rue de Rivdi
75001 Paris
France
Tel.: +33 (1)53 45 87 87
Fax: +33 (1)53 45 87 80
Email: andree.bronner@wanadoo.fr

Dr. Jan **Kruseman** F
Adviser
194, rue de Rivoli
75001 Paris
France
Tel.: +33 (1) 53 45 87 87
Fax: +33 (1) 53 45 07 80

Jocelyne **Stevani** F
Assistante Scientifique
194, rue de Rivoli
75001 Paris
France
Tel.: +33 (1) 53 45 87 87
Fax: +33 (1) 53 45 87 80
Email: j.stevani@wanadoo.fr

WHO - Welt-Gesundheits-Organisation

James **Akre** E
Technical Officer
Programme of Nutrition
World Health Organization
1211 Geneva 27
Switzerland
Tel.: +41 (22) 7 91 - 33 25
Fax: +41 (22) 7 91 - 41 56
Email: AKREJ@WHO.CH

CODEX SECRETARIAT

Dr. Jeronimas **Maskellunas** E
Food Standards Officer
Joint FAQ/WHO Food Standards Programme
Via delle Terme di Caracalla
00100 Rome
Italy
Tel.: +39 (06) 57 05 39 67
Fax: +39 (06) 57 05 45 93
Email: Jeronimas.Maskeliunas@fao.org

Ms. Selma **Doyran** E
Food Standards Officer
Joint FAQ/WHO Food Standards Programme
Via delle Terme di Caracalla
00100 Rome
Italy
Tel.: +39 (06) 57 05 58 26
Fax: +39 (06) 57 05 45 93
Email: Selma.Doyran@fao.org

Yasuyuki **Sahara** E
Food Standards Officer
Joint FAO/ WHO Food Standards Programme
Via delle Terme di Caracalla
00100 Rome
Italy
Tel.: +39 (06) 57 05 40 98
Fax: +39 (06) 57 05 45 93
Email: saharay@who.ch

Deutsches Sekretariat

Ms. Dorothea **Kunze** D
Bundesinstitut für gesundheitlichen Verbraucherschutz und Veterinärmedizin (BgVV)
P.O. Box 33 00 13
14191 Berlin

Germany
Tel.: +49 (30) 84 12 - 48 11
Fax: +49 (30) 84 12 - 37 15
Email: d.kunze@bgvv.de

Dr. Rainer **Ziegenhagen** D
Bundesinstitut für gesundheitlichen
Verbraucherschutz und Veterinärmedizin
(BgVV)
P.O. Box 33 00 13
14191 Berlin
Germany
Tel.: +49 (30) 84 12 - 32 28
Fax: +49 (30) 84 12 - 37 15
Email: r.ziegenhagen@bgvv.de

39. Widerstand gegen „Codex-2000“ – Gesundheitsnetz-Treffen!

Beteiligen Sie sich an unserem Protest-Wochenende in Berlin: Es geht darum, vor Ort wirksame Signale des Widerstands gegen Codex zu setzen: **Für Gesundheit, für den freien Zugang zu Vitaminen weltweit; gegen jede Planung zu Verboten und Einschränkungen von Vitaminen und anderen Naturheilverfahren!**

Wir laden ein zum **Gesundheitsnetz-Treffen gegen Codex in Berlin**, Estrel Hotel, Berlin-Neukölln, Sonnenallee 225

Einige Programmelemente:
Sonnabend, 17. Juni 2000:
· 12.00 Uhr Beginn mit Dr. Rath
· ab 14.30 Uhr: Teilnahme an der Kundgebung gegen die Codex-Pläne des Pharma-Kartells auf dem Wittenbergplatz in Berlin (evtl. Umzug von der Gedächtniskirche). Es sprechen Dr. Rath sowie weitere Wissenschaftler, Codex-Delegierte und Betroffene

Sonntag, 18. Juni 2000:
· 10.00 Uhr: Programm mit Dr. Rath
· ab 12.00 Uhr: Mittagessen (Buffet)
· 14.00 - 17.00 Uhr: Good Health Conference against Codex / **Gesundheits-Konferenz gegen Codex** unter Beteiligung von Patienten, Therapeuten, Wissenschaftlern sowie Codex-Delegierten und -Beobachtern. Hier ist Raum, die **wissenschaftlichen Hintergründe zur natürlichen Gesundheit durch Vitamine ausführlicher zu thematisieren – und die Taktik hinter den Falschinformationen aufzudecken, mit denen die Codex-Beschlüsse vorangetrieben werden sollen.**

Montag, 19. Juni 2000:
· ca. 9.00 Uhr: gemeinsamer Beginn mit Dr. Rath im Hotel Estrel
· ab 11.00 Uhr: Demonstration vor Ort gegen die Codex-Pläne des Pharma-Kartell vor dem Tagungsgebäude (BgVV) in Berlin-Marienfelde, Diedersdorfer Weg 1. Es sprechen Dr. Rath sowie weitere Wissenschaftler, Codex-Delegierte und Betroffene – hier müssen wir den internationalen Delegierten zeigen, daß der Widerstand größer wird!

Eine Teilnahme ist sowohl von Sonnabend bis Sonntag als auch von Sonnabend bis Montag möglich. Bitte kreuzen Sie eine der beiden Möglichkeiten auf dem Anmeldecoupon an!
Zimmerreservierung: Bitte buchen Sie selbst ihre Übernachtungen. Wir lassen günstige Zimmerkontingente reservieren – im Estrel und in umliegenden Häusern. Eine Liste der Hotels mit den Übernachtungspreisen senden wir Ihnen nach Anmeldung zu.
Die Plätze sind jedoch begrenzt – bitte melden Sie sich frühzeitig, spätestens bis zum **31. Mai** an!

Bitte kopieren Sie diesen Coupon oder trennen ihn heraus und senden Sie ihn spätestens **bis zum 31. Mai - Anmeldeschluß!** - an:
Matthias Rath B.V., Postbus 405, NL-7600 AK Almelo,
Fax: 0031-546-533 344):

Hiermit melde ich mich verbindlich an zum Gesundheitsnetz-Treffen gegen Codex in Berlin, Estrel Hotel.

Ich nehme teil vom **17.6. - 19.6.** **vom 17.6. - 18. 6. 2000**
(bitte ankreuzen!)

Name: ____________________

Adresse: ____________________

Tel.: ______________ Fax: ______________

Ident.-Nr. oder Kunden-Nr. (falls vorhanden): ____________

____

(Ort, Datum, Unterschrift)

Falls Sie eine Begleitperson ebenso verbindlich mit anmelden möchten:

Name: ____________________

Adresse: ____________________

Tel.: ______________ Fax: ______________

Ident.-Nr. oder Kunden-Nr. (falls vorhanden): ____________

____

(Ort, Datum, Unterschrift)

Bitte kopieren und spätestens bis zum **31. Mai 2000** einsenden – **Anmeldeschluß!** – an:
Matthias Rath B.V., Postbus 405, NL 7600 AK Almelo,
Fax: 0031-546-533 343

TEIL 4

Ein neues Gesundheitswesen entsteht

Grundrisse eines neuen Gesundheitswesens

1 **Gesundheit ist für alle verstehbar.** Die Ursache für Gesundheit und Krankheit ist jedermann einsichtig: Millionen Körperzellen benötigen für eine optimale Funktion Bioenergie, in Form von Vitaminen, Mineralien und Spurenelementen.

2 **Gesundheit ist für alle machbar.** Die Zellular Medizin und die Zufuhr von Vitaminen und anderen Mikronährstoffen ermöglicht es jedem Mann und jeder Frau, Volkskrankheiten wirksam vorzubeugen und sie in vielen Fällen ursächlich zu behandeln.

3 **Gesundheit ohne Nebenwirkungen ist für alle verfügbar.** Die Natur selbst liefert uns Vitamine und andere äußerst wirksame vorbeugende und heilende Therapien, um Krankheiten zu bekämpfen. Der Einsatz von Naturheilverfahren ist nebenwirkungsfrei, wohingegen die Nebenwirkungen von Pharma-Präparaten zur vierthäufigste Todesursache überhaupt wurde.

4 **Gesundheit ist für alle erschwinglich.** Wirksame Gesundheitsmaßnahmen können mit Hilfe der Zellular Medizin und Naturheilverfahren in jedem Land der Erde zu einem Bruchteil der heutigen Kosten angeboten werden. Die Anwendung der Zellular Medizin als öffentliche Gesundheitsmaßnahme setzt Milliarden an privaten und öffentlichen Geldern frei.

5 **Gesundheit ist ein Menschenrecht.** Der Zugang zu optimaler Gesundheit ist ein fundamentales Menschenrecht. Keine Pharmafirma und keine Regierung der Welt haben das Recht, lebenswichtige Informationen über die Gesundheitsbedeutung von Naturheilverfahren zu verbieten.

6 **Wirksame Gesundheitsversorgung hat als Schwerpunkt die Vorbeugung.** Die medizinische Forschung und die Gesundheitsversorgung der Zukunft wird die Vorbeugung und die Ausmerzung von Krankheiten als Schwerpunkt haben und nicht länger die Entwicklung von Therapien, die lediglich die Symptome verschleiern.

7 **Das neue Gesundheitswesen hat die Basisversorgung der Bevölkerung zum Schwerpunkt.** Ein funktionsfähiges Netz von Gesundheitsberatungsstellen in jedem Ort, jedem Stadtteil und jeder Straße ist die Voraussetzung für eine wirksame und erschwingliche Gesundheitsversorgung in jedem Land der Erde. Gesundheitsberater und Beratungszentren vor Ort werden eine uneffektive und teure HighTech-Medizin weitestgehend ersetzen.

8 **Die medizinische Forschung muß unter öffentlicher Kontrolle stattfinden.** Öffentliche Gelder für medizinische Forschung sollten schwerpunktmäßig für die Entwicklung von Behandlungsmethoden zur Vorbeugung und Ausmerzung von Krankheiten verwendet werden und nicht dazu, den Pharma-Markt weltweit auszuweiten.

Codex Alimentarius:
Natürliche Vitamine verhindern Herzinfarkt!
Und die einzige Nebenwirkung ...
... sie zerstören unseren Pharma-Markt!
Also: Weltweit verbieten.
Stoppt das Pharma-Kartell!
Kostenlose Informationen:
Dr. Matthias Rath, Postbus 405, NL-7600 AK Almelo
Fax: 0031-546-533 344
www.rath.nl